MÉTODO VIRA

CAMINO PARA TRIUNFAR

MI MÉTODO PARA LOGRAR RESULTADOS Y ALCANZAR EL ÉXITO

Henrique Fernando Salas-Romer

@henriquefernandosalasromer

MÉTODO VIRA, CAMINO PARA TRIUNFAR
© Henrique Fernando Salas-Romer
@henriquefernandosalasromer
Primera edición 2023
Foto portada: Rubén Hardy
ISBN: 9798864979228

Producción editorial: Antonio Torrealba
Becoming an Influencer Corp.
antoniotorrealba.com @atorreal

Cualquier forma de reproducción, distribución, comuni cación pública o transformación de esta obra solo puede ser realizada con la autorización de su titular, salvo excepción prevista por la ley.

Dedicado a quienes son mi inspiración y vida:
A mi esposa Carolina.
A mis hijos Rania, Henrique Fernando y Estefanía.
Y a mis padres, Henrique y Raiza Salas Romer,
mi agradecimiento y admiración.

CONTENIDO

Mi camino 9
- Te cuento 10
- Una voltereta inesperada 12
- El Método VIRA 14

Testimonios 16

El Efecto Vira. Mi decisión definitiva 19
- ¿Qué es la decisión definitiva? 24
- Del "debería hacerlo" al "tengo que hacerlo"   25
- Dilación: no hay momento perfecto 30
- Deja la "excusitis" 31
- La opinión de los demás 35

Desarrolla una mentalidad positiva 39
- Pon la mente en positivo 44
- El poder del subconsciente 48
- Desafía tus creencias limitantes 53
- Pasa de víctima a líder 58

Tu mente es un músculo, ¡entrénala como tal! 63
- En la fábrica del cerebro 68
- El Efecto Vira 70

- "El poder del ahora" 86
- Hacia un enfoque constructivo 90
- Ser tú mismo en el Metodo Vira 93

Ser + Hacer + Tener 95
- Ser: lo que somos 101
- Hacer: actividad a partir del ser 108
- Tener: resultados del ser y el hacer 118

Potencia tu inteligencia emocional 123
- Beneficios de la inteligencia emocional 129
- Factores de la inteligencia emocional 132
- Aprende inteligencia emocional 136

Eres tu propio CEO: lidérate 139
- Hábitos, más importantes que el talento 144
- Aplica el interés compuesto en ti 150
- Enciende la creatividad 154

Arma equipos como Sir Alex Ferguson 163
- Tres perfiles a identificar 168
- Para lograr un equipo comprometido 173
- Generar respeto… y hasta "temor" 181

Frente al conflicto interno 185
- Lidiar con el síndrome del impostor 191
- Querer gustar siempre 193

- Mantén la calma 194
- Crisis y oportunidad, una simbiosis 197
- Enfrentar fracasos 202

Liderazgo en la era digital **207**
- Tres grandes desafíos actuales 213
- Liderazgo en el entorno tecnológico 218
- Importan las personas, siempre... 219

Mi camino ¡ahora es tu camino! **223**
- SER-HACER-TENER 226

Bibliografía **229**

The Psychology of Money — MORGAN HOUSEL

narrative economics — SHILLER

Piense y Hágase Rico — Napoleon Hill

DALÍ

Wladimi ZABALETA — BÉLGICA RODRÍGUEZ

MI CAMINO

> "QUIEN NO ARRIESGA, NO CRUZA EL MAR". CIERTO, PERO JAMÁS OLVIDES QUE EL CAPITÁN ERES TÚ.

Todos nacemos con alguna inclinación. Luego la formación y las circunstancias, primero en familia, luego en la escuela, y finalmente en el discurrir de la vida, van definiendo el sendero que, con éxito, si tomamos la iniciativa, hemos de recorrer.

Desde mi temprana adolescencia vender me apasionaba y, siguiendo el consejo paterno, siempre trabajé en vacaciones. Primero vendí enciclopedias. Era un trabajo individual, de casa en casa, tocando puertas, conociendo gente, recibiendo todo tipo de respuestas: sí, no, tal vez, o simplemente no me recibían... pero siempre aprendiendo.

Luego incursioné en otros pequeños emprendimientos compartidos, bien con compañeros de estudio o con amigos.

De las muchas iniciativas, una en particular merece ser mencionada. Fue una pequeña empresa dedicada a vender televisores, equipos VHS-Betamax (el Netflix de aquella época) y productos de línea blanca como neveras y secadoras. No solo hacíamos las ventas, sino también su traslado, instalación y mantenimiento a domicilio.

Se dirá que son experiencias propias de la juventud, y muchas veces es así. Pero ello no les resta importancia. Por el contrario, son estas experiencias, en mi caso aunadas a otras que luego les contaré, las que me llevaron, como pueden llevarte a ti, por senderos insospechados, con las que comprendí que, en cualquier esfera del quehacer humano, tomar la iniciativa es vital, que el liderazgo comienza por conocer tus inclinaciones y en conocerte a ti mismo.

| TE CUENTO...

Yo fui electo diputado a los 32 años, y gobernador a los 35. Luego en otras tres oportunidades hasta completar 13 años al mando de mi estado natal, Carabobo, en Venezuela.

Quienes vivieron mi país de esa etapa saben que la pugnacidad fue creciente. Sin embargo, más allá de mis obligaciones directas, que obviamente tuvieron buena acogida, por varios años ejercí en paralelo, con el apoyo de todos los gobernadores del país, la presidencia de la Asociación de Gobernadores de Venezuela.

También tuve responsabilidades internacionales. Fui vicepresidente de la Unión de Partidos Latinoamericanos (UPLA), y presidente adjunto para Latinoamérica y el Caribe de la International Democrat Union (IDU), organización mundial creada en medio de la Guerra Fría por iniciativa de Ronald Reagan, Margaret Thatcher y Helmut Kohl.

Culminado mi tercer mandato como gobernador, Yale University me invitó a participar con líderes jóvenes de los cuatro continentes en The World Fellows Programs, una iniciativa inscrita en el deseo de la Universidad de ampliar su presencia en el universo educativo mundial. Cada año, entre 15 y 20 líderes jóvenes de distinta vocación son invitados y participan durante todo un semestre en un dinámico intercambio con renombradas figuras de la academia.

Es una experiencia sin par. Con el correr de los años ha ido creciendo una red mundial que hermana la tricentenaria universidad con casi cuatrocientas personalidades influyentes del mundo entero. Entre los latinoamericanos que han participado y por tanto formamos parte de esa red, hoy figuran tres venezolanos. Yo fui el primero. Luego, por méritos propios, destacaron Carlos Vecchio y María Corina Machado.

> ¿PODRÍA IMAGINARME YO **AQUEL DESTINO CUANDO IBA DE CASA EN CASA** VENDIENDO ENCICLOPEDIAS? AUNQUE YA EN PARTE LO SABEN, LES CUENTO CÓMO LLEGUÉ ALLÍ.

Luego de completar la secundaria en Venezuela, concluí esa etapa graduándome el año siguiente en The Choate School, colegio ubicado en el estado de Connecticut que había cobrado renombre mundial cuando John F. Kennedy, uno de sus exalumnos, alcanzó la presidencia de EE. UU. en 1960.

Después regresé a Venezuela, obtuve mi título universitario y comencé sin meta cierta en busca de un sendero. Aquí se insertan entre otros, tres años de intenso aprendizaje en la IBM, empresa pionera en computación y hoy, con su Computadora Watson, pionera también en el desarrollo de la Inteligencia Artificial.

Fue al final de ese trienio, en medio de las expectativas que me había creado sobre mi carrera profesional, cuando circunstancias imprevistas fueron llevándome a la vida pública.

Mi padre, luego dos décadas compartiendo responsabilidades académicas y cargos relevantes en la empresa privada, fundó con otros profesionales un Centro de Análisis Estratégico, cuyo éxito como órgano de consulta y prospección lo condujo, primero, a presidir la Comisión de Economía de Fedecámaras (Confederación de cámaras empresariales de Venezuela), donde cobró visibilidad nacional. Y luego, fue electo a la Cámara de Diputados del Congreso de la República.

UNA VOLTERETA INESPERADA

El Caracazo estremeció al país político, y este tsunami llevó al Congreso a establecer el marco legal para iniciar un acelerado proceso de descentralización política y administrativa.

> EL PRIMER PASO FUE LA ELECCIÓN DIRECTA DE ALCALDES Y GOBERNADORES, ALGO QUE NUNCA HABÍA SIDO PERMITIDO, Y MI PADRE INVITADO A PARTICIPAR, SE CONVIRTIÓ, PARA SORPRESA DE MUCHOS, EN **EL PRIMER GOBERNADOR DE NUESTRO ESTADO, ELECTO Y REELECTO POR VOLUNTAD POPULAR.**

Aquello me cambiaría totalmente el rumbo.

He sido muy cercano a mi padre y no puedo negar que, en mi interior, la vida pública me atraía. Además, por tradición familiar, deseaba contribuir al bien estar general. Pero eran ideas nebulosas, sin rasgos de concreción.

Sin embargo, luego de aquella primera elección, sin pensarlo mucho, decidí renunciar decorosamente a mis actividades privadas, y comencé a darle apoyo tanto en su gestión, recorriendo las zonas populares del estado los fines de semana, como en el campo profesional, de lunes a viernes, asumiendo responsabilidades en el Centro de Análisis Estratégico.

Tenía yo entonces 29 años. Tres años después había hecho méritos suficientes para ser postulado al Congreso y al ganar, comenzó el periplo que tres años de intensa actividad que me llevaría a optar por la gobernación.

Mi padre siempre le había brindado apoyo a mis iniciativas, pero esta vez tuvo reservas y sus argumentos eran sólidos. Yo no contaba con partido alguno que me respaldara, y había un obstáculo demoledor. No se conocía un solo caso, hablo del mundo entero, en que el hijo hubiera podido suceder, inmediatamente después, a su padre por votación popular. Se ha dado luego de unos años, pero jamás de esta manera, justamente después.

> AUN ASÍ, YO INSISTÍA. EL PROPÓSITO DE SUCEDERLO ME LO HABÍA FIJADO, A TRAVÉS DE **UNA IMAGEN EN LA MENTE**, VARIOS AÑOS ATRÁS. DE ESTO LES CONTARÉ MÁS ADELANTE.

Transcurrieron varios meses y a inicios de 1995 mis padres viajaron a Roma invitados por la Santa Sede para asistir a la beatificación de una monja venezolana. También viajaría a ese encuentro mi principal contendor. "Aprovecha -me dijo-, aprieta el paso, y vamos a ver cómo se mueven los números". Fue la primera indicación de que mi padre había comenzado a ceder.

Mi apoyo iba en ascenso, ya había alcanzado a mi eventual adversario. De manera que de sus reticencias no se habló más.

¿Es mi historia algo excepcional? En cuanto a visibilidad claro que sí, pero no en un sentido general. Lo digo con la mayor seriedad.

Cada ser nace con determinados talentos e inclinaciones, ya lo dijimos, y su formación en conjunto con las circunstancias cambiantes de la vida van dándole forma al camino que habrá de tomar.

Cuando te conoces a ti mismo, le pones empeño y tienes una meta que puedes visualizar, habrá contratiempos, reveses inesperados, nuevos retos y lo demás, pero las probabilidades de éxito son inmensas. Te garantizo que es así.

EL MÉTODO VIRA

Mi método, del cual te hablaré en este libro, se nutre obviamente de todo lo que te he hablado.

> EN LAS SIGUIENTES PÁGINAS ME ENFOCO EN LO YA DICHO, CONOCERNOS A NOSOTROS MISMOS, **FIJARNOS OBJETIVOS CONCRETOS, APROVECHAR OPORTUNIDADES** AUN CUANDO EXISTAN RIESGOS, Y DESARROLLAR NUESTRA INTELIGENCIA EMOCIONAL.

Para ello, te muestro mi método de gerencia y liderazgo que abarca estrategias y recomendaciones para enfrentar retos al avanzar hacia la meta trazada, hasta cómo tomar una "decisión definitiva", de esas que, como a mí me ocurrió, pueden darle un giro de 180° grados a tu vida.

No se trata de una simple teoría. Si hablo de mi Método, lo hago en propiedad. Es reflejo de todo lo que he vivido y aprendido desde aquello que es intangible, llamémoslo sueño, hasta lo concreto y tangible, es decir, hasta verlo transformado en realidad.

Un sueño sin acción son solo imágenes o palabras. No es como empezaste, es llegar al destino.

Tú eres el capitán (el líder) del barco, recuerda. Necesitas visualizar un destino cierto. Pero también, claro, una embarcación marinera, que te abra el paso, y una buena tripulación, que son los elementos de apoyo que vas a necesitar.

¡Bienvenido a bordo, capitán!

Henrique Fernando Salas-Romer

MÉTODO VIRA

TESTIMONIOS

"Este libro es ideal para cualquiera con ganas de aprender, independientemente de la edad. Sin embargo, es especialmente útil para personas de 25 a 65 años, un rango de edad en el que muchos están en el pico de su capacidad laboral. Sirve como un motivador para aquellos que se han planteado mejorar en la vida y como una herramienta efectiva para quienes buscan crecer en su ámbito laboral y alcanzar sus metas".

MARÍA MARTHA CHACÍN, gerente marketing. Venezuela

"El lenguaje del libro es claro y los conceptos están bien definidos, lo que facilita la comprensión. Además, emplea una especie de método socrático a través de cuestionarios, ayudando a los lectores a generar sus propias ideas y descubrir sus potencialidades".

MIGUEL ÁNGEL BERMÚDEZ, profesor universitario. Colombia

"Este es un libro que debería estar siempre al alcance de la mano, especialmente para quienes buscan emprender en cualquier ámbito: político, económico o empresarial. Ofrece consejos prácticos y lineamientos para no rendirse y seguir adelante en la búsqueda de lograr objetivos y liberar todo el potencial que llevamos dentro".

ALEJANDRO MÁRQUEZ

"Lo más destacable del libro, en mi opinión, es que no se basa en teorías abstractas. En lugar de eso, refleja las experiencias de vida y el camino al éxito de Henrique Fernando Salas-Romer. No es simplemente una recopilación teórica; es una guía basada en logros reales, incluidos su éxito como gobernador reelecto y como vendedor".

JOSELYN BARBOZA, emprendedora, Perú

"Lo que más me impactó es su enfoque integral. No se limita a proporcionar estrategias para el éxito laboral, sino que también ofrece consejos para equilibrar la vida personal y profesional. Además, toma en cuenta la resiliencia emocional y la autenticidad en la búsqueda de nuestros objetivos".

JESÚS PERALTA, coach, Venezuela

EL EFECTO VIRA
MI DECISIÓN DEFINITIVA

MI **MÉTODO VIRA (VISUALIZA, REPITE, ACTÚA)** TE AYUDARÁ A MANEJAR LAS DUDAS, EL TEMOR, LAS EXCUSAS O LAS OPINIONES AJENAS QUE TE IMPIDEN TOMAR LA "DECISIÓN DEFINITIVA" QUE VIRARÁ TU VIDA DEFINITIVAMENTE

TEST ✓
¿ERES UNA PERSONA DECIDIDA?

Comencemos por mirar dentro de ti: responde con "Sí" o "No" a cada afirmación y al final te proporcionaré una evaluación cualitativa basada en tus respuestas:

PREGUNTA	SÍ	NO
1. ¿Sientes dudas o titubeas al tomar decisiones importantes en tu vida profesional?		
2. ¿Evitas asumir riesgos por temor a fracasar o enfrentar situaciones difíciles?		
3. ¿Tiendes a postergar tareas importantes, esperando el momento perfecto?		
4. ¿Buscas excusas o justificaciones para evitar asumir responsabilidades o desafíos nuevos?		
5. ¿Te encuentras hablando más de lo necesario sobre tus proyectos en lugar de llevarlos a la acción?		
6. ¿Le das demasiada importancia a la opinión de los demás, afectando tu toma de decisiones?		
7. ¿Te cuesta confiar en tus habilidades y capacidades para liderar?		
8. ¿Sientes temor a que te juzguen o critiquen si tomas una posición de liderazgo?		
9. ¿Prefieres la estabilidad y evitar los cambios, incluso si eso lastra tu crecimiento personal?		
10. ¿Tienes dificultad para establecer límites claros y decir "no" cuando es necesario?		

11. ¿Te preocupas demasiado por los posibles errores o fracasos antes de emprender algo nuevo?		
12. ¿Evitas confrontaciones y conflictos, buscando mantener la armonía a costa de tus necesidades?		
13. ¿Te cuesta delegar tareas y confiar en que otros pueden hacer el trabajo de manera efectiva?		
14. ¿Te sientes incómodo con las críticas?		
15. ¿Tienes dificultad para aceptar la responsabilidad total de tus acciones y decisiones?		
TOTAL SÍ / NO		

De 10 a 15 "Sí": parece que enfrentas obstáculos por las dudas e indecisión, temor a los riesgos, dilación, y atender demasiado la opinión de los demás. Te recomiendo trabajar en el fortalecimiento de tu autoconfianza, tomar decisiones firmes y superar tus miedos.

De 5 a 9 "Sí": tiendes a la duda e indecisión y temor a los riesgos. Sigue trabajando en tu confianza, en tomar decisiones fundamentadas y en equilibrar la retroalimentación externa con tus propias metas y valores.

De 0 a 4 "Sí": gozas de una mentalidad sólida y buenas señales de que estás en camino hacia un liderazgo constructivo. Sin embargo, siempre hay espacio para el crecimiento y el desarrollo personal.

Recuerda que este test es una **herramienta de autoevaluación** y no define completamente tus capacidades de liderazgo. Los obstáculos que identifiques son oportunidades para crecer y desarrollarte como líder. Utiliza esta información como base para establecer metas y enfocarte en superar los desafíos que surjan.

Con apenas 24 años, recién graduado en Ciencias Gerenciales y Administrativas, y con una especialización en Finanzas y en Mercadeo y Ventas, recibí una oferta importante para trabajar en IBM Caracas, donde al poco tiempo estaba a cargo del área de ventas de mainframes y computadoras a los sectores financieros del país. ¡Una oportunidad soñada! Me iba muy bien y disfrutaba de un excelente salario, aun más siendo soltero y sin hijos.

Sin embargo, sentí una atracción hacia la política y, ya llegando a los 30 años, decidí renunciar a IBM. Cuando comuniqué mi decisión al presidente de IBM Venezuela, este me advirtió que estaba cometiendo "el error de tu vida" al dejar una carrera prometedora en la que entonces era una de las más influyentes multinacionales tecnológicas del planeta.

Aquel momento significó una encrucijada en mi vida que me llevó a tomar lo que ahora llamo la **"decisión definitiva"**.

A pesar de la advertencia de aquel alto ejecutivo, seguí adelante con mi salto a la arena política. Confiando en mis instintos, decidí lanzarme al vacío. Y es que, a lo largo de mi trayectoria, confirmé que muchas personas tienen miedo de arriesgarse. Sin embargo, estoy convencido de que ese miedo se debe más a los monstruos internos, nuestros pensamientos negativos, que a las verdaderas oportunidades que se presentan. Cuando estás donde tus talentos están, te puedo asegurar que te impondrás. Ya te explico por qué.

¿QUÉ ES LA DECISIÓN DEFINITIVA?

La "decisión definitiva" es ese momento crucial en el que te encuentras frente a una encrucijada que cambiará el rumbo de tu vida. Es como estar en un camino y de repente encontrarte con un desvío que te lleva a territorios desconocidos. Quizá cambiar de trabajo, empezar un nuevo proyecto o incluso tomar decisiones personales que afectan tu bienestar y felicidad.

> EL LOGRO DEFINITIVO OCURRE CUANDO TOMAS UNA **DECISIÓN DEFINITIVA**.

No hallo mejor manera de ilustrar este punto que la impresionante historia de Jack Ma, el empresario chino que se lanzó al ruedo con Alibaba en un momento en que China apenas estaba comenzando a explorar el mundo del comercio electrónico.

Corría el año 1999, cuando Internet era algo nuevo y emocionante, pero aún no había conquistado los corazones y las billeteras de las personas como lo hace hoy en día. Era un mundo sin compras en línea ni Amazon Prime.

Pues bien, en medio de aquel panorama, Jack Ma decidió dar un salto al vacío y fundar Alibaba, una plataforma de comercio electrónico que conectaría a fabricantes chinos con compradores de todo el mundo. ¿Qué llevó a Jack Ma a tomar esta decisión tan arriesgada? Bueno, resulta que Jack tenía una visión audaz.

Ma creía firmemente en su gente y en su capacidad para producir bienes de calidad a precios competitivos. Además, sabía que Internet tenía el poder de derribar las barreras geográficas y conectar a la gente de manera más rápida y eficiente que nunca.

Poco a poco, la visión de Jack Ma comenzó a materializarse, lo que llevó a convertirlo en uno de los hombres más ricos del mundo, y a Alibaba Group en una empresa que para 2020 reportó unos ingresos de 72.000 millones de dólares y un beneficio neto de 19.820 millones de dólares. Las pequeñas empresas chinas que nunca habían tenido acceso a mercados internacionales ahora podían llegar a clientes de todo el mundo con solo un clic.

La historia de Jack Ma revela que tomar decisiones arriesgadas y confiar en nuestras propias habilidades, abre puertas que nunca habríamos imaginado.

DEL "DEBERÍA HACERLO" AL "TENGO QUE HACERLO"

Tomar una decisión definitiva significa pasar del "debería hacerlo" al "tengo que hacerlo". No te preguntes ¿debo hacerlo? No, afirma con ánimo ¡tengo que hacerlo! Son decisiones que no puedes tomar a la ligera. Son las que te hacen decir: "No, no solo debería hacerlo, ¡tengo que hacerlo!".

Cuando pasas del "debería hacerlo" al "tengo que hacerlo", pones toda tu determinación en el tablero. Estás diciendo: "Sí, esto es lo que quiero y voy a luchar por ello". No hay espacio para dudas o arrepentimientos. Te comprometes plenamente con esa decisión y estás dispuesto a enfrentar cualquier obstáculo que se atraviese.

ESTAS DECISIONES TIENEN EL PODER DE **MOLDEAR TU FUTURO.**

Muchas son las decisiones que terminan por tener un impacto significativo en el rumbo de la vida de una persona:

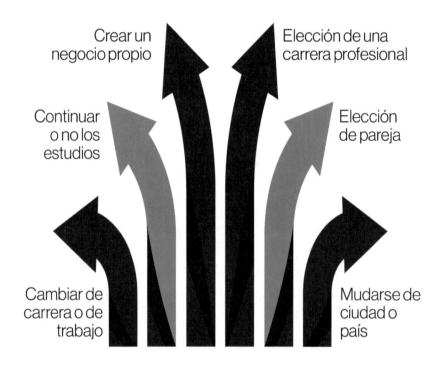

Siempre hay un poco de miedo e incertidumbre cuando se trata de tomar decisiones definitivas. Pero también hay una chispa de emoción, la sensación de que estás tomando el control de tu vida y siguiendo el camino que deseas.

Solo tú puedes tomar estas decisiones. No permitas que otros dicten tu camino. Escucha tu voz interior, porque solo tú sabes lo que es mejor para ti. No te dejes influenciar por opiniones externas o expectativas ajenas. La "decisión definitiva" es tuya y solo tuya.

Combate a los enemigos de la decisión definitiva

La decisión de un joven Steve Jobs de abandonar sus estudios universitarios para formar su propia empresa, Apple Inc., es un ejemplo icónico de cómo una elección cambia el curso de la vida personal y de la misma sociedad.

En 1974, Jobs dejó la Universidad Reed y se embarcó en un camino incierto pero apasionante. Aunque abandonó formalmente la educación académica, encontró en el emprendimiento una oportunidad para perseguir su visión revolucionaria en el campo de la tecnología.

Esta audaz decisión no solo dio lugar a la creación de una de las compañías tecnológicas más influyentes de la historia, sino que también sentó las bases para una carrera extraordinaria que transformó la industria de la informática y del entretenimiento.

Casos parecidos fueron los de Bill Gates, quien en 1975 abandonó la carrera de Derecho en Harvard, para fundar Microsoft; o el dueño de Facebook, Mark Zuckerberg, quien nunca completó sus dos especialidades en la misma universidad donde estudió Gates.

Hay enemigos que nos inmovilizan a todos al momento de tomar una decisión definitiva, es decir, aquella que apunta a un propósito trascendente o cuyos efectos pueden cambiarnos la vida.

Aquí te adelanto algunos de ellos, con una primera descripción de cómo combatirlos. Aunque se trata de una tarea que iremos desarrollando a lo largo de todo el libro:

ENEMIGOS DE LA DECISIÓN DEFINITIVA
- Hablas sin concretar
- Duda e indecisión
- La opinión de los demás
- Temores
- Excusas
- Dilación

Dile adiós a la duda y a la indecisión

Estás en un restaurante y te presentan un menú lleno de opciones: te quedas indeciso ante tantas opciones, y quizá termines eligiendo al azar algún platillo por salir del paso! ¡Lo mismo ocurre en la vida!

SI SABES LO QUE QUIERES, LO LOGRAS

Todos tenemos dudas en algún momento. Pero si nos dejamos dominar por ellas, perderemos grandes oportunidades. Por ello, para tomar decisiones efectivas, precisa primero qué es lo que realmente quieres. Si quieres el filete jugoso, ¡pídete el filete jugoso!

VIRA | CONTRA LA INDECISIÓN

Aquí tienes un ejercicio práctico que puedes hacer con papel y lápiz para vencer la duda y la indecisión:

- **Haz una lista de opciones.** Escribe en un papel todas las opciones entre las que estás indeciso. Por ejemplo, si estás tratando de decidir qué carrera estudiar, podrías escribir diferentes opciones como medicina, ingeniería, diseño, etc.

- **Crea una tabla de pros y contras.** Dibuja una tabla con dos columnas en una hoja de papel. En la columna de la izquierda, escribe "Pros" y en la columna de la derecha, escribe "Contras". Ahora, piensa en cada una de las opciones que escribiste y anota en las columnas correspondientes los aspectos positivos y negativos de cada opción. Así visualizarás los diferentes elementos que influyen en tu decisión.

- **Asigna pesos y valores.** Una vez que tengas tu tabla de pros y contras, otorga un peso o valor a cada aspecto en función de su importancia para ti. Por ejemplo, asigna valores del 1 al 5, siendo 5 el más importante y 1 el menos importante.

- **Analiza los resultados.** Suma los valores asignados a cada opción en su columna respectiva (pros y contras), así obtendrás una puntuación numérica para cada una de ellas. Observa cuál opción logra la puntuación más alta y cuál la más baja, con lo que tendrás las opciones más favorables o desfavorables para ti.
- **Reflexiona y confía en tu intuición.** Una vez terminado el análisis, tómate un momento para reflexionar sobre la información recopilada y escucha tu intuición. A veces, aunque una opción parezca más favorable en papel, tu instinto te indicará cuál es la decisión que más te conviene.

DILACIÓN: NO HAY MOMENTO PERFECTO

Cuando un jugador de fútbol tiene la oportunidad de marcar un gol en la final del campeonato... ¿espera a que el viento esté en la dirección perfecta, que la grama esté cortada a la medida exacta y que el balón sea más redondo que nunca? ¡Claro que no! Solo patea porque sabe que debe actuar en el momento adecuado. Lo mismo aplica en tu vida como líder.

"La vacilación es un vehemente indicio de la debilidad de carácter", dijo Voltaire. Es que esperar a sentirte preparado al 100 % antes de lanzarte a lograrlo es como esperar a que los dinosaurios vuelvan a caminar por la Tierra. Simplemente no va a suceder. Siempre habrá algo más que aprender o mejorar. La clave está en la acción.

Como dijo una vez Thomas Edison, el inventor de la bombilla eléctrica, "el genio es 1% inspiración y 99% transpiración". Es decir, que puedes ser muy genio, pero para llevarlo a la realidad tienes que trabajarlo, pasar a la acción. Y también existe una frase que se le atribuye a Picasso: "La inspiración debe cogerte trabajando".

Muchas personas caen en la trampa de esperar ese momento ideal para tomar decisiones importantes o para dar el siguiente paso en su carrera. Pero no existe el momento perfecto.

SI ESPERAS A QUE TODO SEA IDEAL, ESTARÁS ESPERANDO PARA SIEMPRE... JAMÁS LLEGARÁ.

La postergación es como aquel amigo que siempre te pide prestado dinero y nunca lo devuelve. Te promete que mañana lo hará, pero mañana nunca llega. Te hace postergar las tareas importantes y te engaña con la falsa sensación de que siempre tendrás tiempo para hacerlas más adelante.

Una frase que refleja este concepto es atribuida a Reid Hoffman, el cofundador de LinkedIn. Él dijo: "Si no sientes vergüenza por la primera versión de tu producto, es que lo lanzaste demasiado tarde". Esta cita destaca la importancia de no esperar a tener un producto o una idea perfecta antes de lanzarlo al mercado. En lugar de eso, enfócate en la acción y la iteración continua.

DEJA LA "EXCUSITIS"

La "excusitis" es como un virus que te llena de pretextos y te impide alcanzar tus metas. Este virus te hace creer que no eres capaz, que no tienes la inteligencia necesaria, que eres muy joven o viejo, que tienes mala suerte o que las circunstancias juegan en tu contra.

> **"LAS DECISIONES SON LAS BISAGRAS DEL DESTINO"**, EDWIN MARKHAM

Hay tantas excusas como granos de arena en la playa. A continuación, te menciono solo algunas de las más frecuentes excusas de "No tengo" que te impiden avanzar:

- No tengo tiempo.
- No tengo suficiente dinero.
- No tengo las habilidades necesarias.
- No es el momento adecuado.
- No tengo suficiente experiencia.
- Tengo miedo al fracaso.
- No sé por dónde empezar.
- No tengo el apoyo de los demás.
- Estoy demasiado ocupado.
- No tengo suficiente información.
- No se me dan las oportunidades.
- No creo que pueda hacerlo.
- No quiero arriesgarme.
- No tengo el equipo adecuado.
- No sé si valdrá la pena.
- No tengo suficiente conocimiento.
- No soy muy disciplinado.
- No quiero decepcionar a los demás.
- No quiero sentirme incómodo.
- No tengo apoyo financiero.
- No tengo confianza en el mercado.

EL HOMBRE QUE **SABE LO QUE QUIERE**, SE LE ABREN TODAS LAS PUERTAS DEL MUNDO.

Como un deportista mediocre, siempre hay excusas para justificar una derrota: el mal clima, el árbitro, el estado del campo. Pero los verdaderos campeones no buscan excusas, dan al máximo para alcanzar la victoria y se responsabilizan por lo ocurrido.

VIRA | EL DESAFÍO DE LAS EXCUSAS

Aquí te dejo una actividad práctica para vencer las excusas y superar tus propias barreras:

1. Dibuja una línea vertical en el centro de una hoja de papel para dividirla en dos columnas.

2. En la columna de la izquierda, escribe las excusas o razones que usas para posponer o evitar hacer algo importante. Pueden ser excusas como "No tengo suficiente tiempo", o "No creo que pueda hacerlo bien".

3. En la columna de la derecha, desafía cada excusa con una respuesta motivadora. Si escribiste "No tengo tiempo", responde algo como "Puedo priorizar mis tareas". Si escribiste "No creo que pueda hacerlo", responde con "Puedo aprender".

4. Una vez que hayas desafiado todas tus excusas, tómate un momento para reflexionar sobre las respuestas positivas que has dado. Observa cómo te hacen sentir y cómo te motivan a pasar a la acción.

5. Elige una excusa que te haya detenido recientemente y conviértela en un mantra positivo. Escribe esta frase en un papel aparte y ponla en un lugar visible, como tu escritorio o tu espejo. Cada vez que te encuentres tentado a usar esa excusa, repite el mantra y recuerda tus respuestas positivas.

No hables tanto y acciona

Si los hermanos Wright, inventores del avión en 1903, les hubieran contado a sus vecinos sus intenciones de crear un aparato que vuela, estos podrían haberse reído o desalentado. En cambio, los Wright se enfocaron en uno de los sueños más acariciados del ser humano: volar. Sus acciones y resultados hablaron por sí solos, pues inventaron el transporte más veloz y capaz de salvar distancias intercontinentales en cuestión de horas. Algunos, incluso, consideran el avión como "uno de los inventos de movilidad más importantes después de la rueda".

CUENTAN LOS HECHOS, NO LAS PALABRAS

Al compartir nuestros planes antes de tiempo, corremos el riesgo de que las palabras vacías y las dudas de los demás se filtren en nuestra mente y socaven nuestra confianza. Pero tus acciones y tus resultados son lo que realmente importan.

Entonces, antes de compartir tus planes y decisiones con los demás, asegúrate de haber dado pasos concretos hacia su ejecución. Demuestra con tus acciones que estás comprometido y determinado a alcanzar tus objetivos. Una vez que hayas obtenido resultados tangibles, comparte con confianza tus logros y sorprende a aquellos que dudaron de ti.

NO HABLES DE TUS PLANES, HABLA DE TUS LOGROS

LA OPINIÓN DE LOS DEMÁS

Si Colón hubiera escuchado las voces negativas que le decían que era una locura partir a cruzar nuevos horizontes, ¡nunca habría llegado a América! A veces, tienes que confiar en tu instinto y seguir tu propio camino, aunque eso signifique enfrentarse a críticas y dudas.

No digo que debas ignorar a lo macho las opiniones de los demás, pues muchas son edificantes. Escucha diferentes puntos de vista y considera diversas perspectivas; sin embargo, no permitas que esas opiniones te paralicen.

Piensa en líderes inspiradores como Steve Jobs: cuando lanzó el primer iPhone, muchos escépticos se burlaron de la idea y dijeron que sería un fracaso. Pero Jobs confiaba en su visión y perseveró. ¡Y vaya que tuvo éxito!

Oye tu pasión, aunque algunos no la comprendan. Si sientes un llamado, que es tu vocación, que allí están tus talentos, que se identifica contigo, que estás siendo auténtico, sigue adelante... Recuerda que Jesús, Pitágoras, Sócrates, Galileo, Newton, Nikola Tesla y otros genios también fueron incomprendidos, pero fíjate qué bueno fue para el mundo que siguieran adelante...

Así que no dejes que el miedo al juicio ajeno te impida tomar tu decisión definitiva. En cambio, enfócate en tu visión y en lo que crees que es lo mejor para ti, tu equipo y tu organización. Recuerda las palabras de Eleanor Roosevelt, una mujer extraordinaria que dijo: "Nadie puede hacerte sentir inferior sin tu consentimiento".

Para respaldar este punto, nada mejor que volver a las palabras que me dijo el presidente de IBM Venezuela cuando renuncié a esta gran empresa para dedicarme a la política: **"Estás cometiendo el error de tu vida".**

Poco después de asumir mi primer mandato como gobernador del estado Carabobo en 1996, recibí una llamada suya solicitando una reunión. Esto me sorprendió, pero accedí a vernos. Durante nuestra conversación, el alto ejecutivo de IBM retiró sus palabras del pasado y admitió que no había sido un error dejar la empresa.

¡Imagina si le hubiese hecho caso!

Para que sopeses las opiniones ajenas, te planteo a continuación cinco razones que te servirán de guía para detectar las opiniones que vale la pena escuchar. Así como, y cuidado con eso, las razones por las que es mejor taparse los oídos.

POR QUÉ ESCUCHAR (O NO) LA OPINIÓN AJENA

RAZÓN	ESCUCHAR	IGNORAR
Ámbito de experticia	La persona tiene experiencia relevante y sabe del tema.	La persona da opiniones basadas en conjeturas.
Intención	La opinión se da para ayudar o guiar.	La opinión se hace desde la crítica negativa o envidia.
Base de información	La opinión se basa en datos duros, investigaciones o hechos verificables.	La opinión se basa en rumores, chismes o desinformación.
Emocionalidad	La persona presenta sus opiniones de manera calmada, equilibrada y objetiva.	Opinión teñida de emociones intensas, ira o reactividad.
Impacto en la toma de decisión	La opinión ofrece un punto de vista valioso para una decisión importante.	Opinión irrelevante o no aporta valor significativo a la situación.

HENRIQUE FERNANDO SALAS-ROMER

DESARROLLA UNA MENTALIDAD POSITIVA

YA UNA VEZ TOMADA TU DECISIÓN DEFINITIVA, TE ANIMO EN ESTE CAPÍTULO A **ENTRENAR TU MENTE,** PARA SER UNA FÁBRICA DE PENSAMIENTOS POSITIVOS QUE TE ACERQUEN A TU PROYECTO DE VIDA.

TEST ✓
¿CUÁN POSITIVO ERES?

PREGUNTA	SÍ	NO
1. Al despertar por la mañana, ¿sientes entusiasmo por la nueva jornada o te lamentas por tener mucho trabajo por delante y estar mal remunerado/a?		
2. ¿Expresas tu agradecimiento a las personas cercanas por acciones que te hayan hecho sentir bien?		
3. ¿Reservas tiempo regular para hacer actividades que te brinden alegría y satisfacción personal?		
4. Ante un desafío en el trabajo, ¿ves la oportunidad de aprender y crecer, o te sientes abrumado/y derrotado/a?		
5. Frente a un problema, ¿buscas soluciones prácticas o te centras en los obstáculos y te quejas?		
6. ¿Brindas palabras de aliento y apoyo a tus seres queridos cuando atraviesan momentos difíciles?		
7. ¿Buscas activamente oportunidades para mejorar tus habilidades y conocimientos en tu campo de trabajo?		
8. ¿Disfrutas de tiempo libre sin sentirte culpable o preocupado/a por las responsabilidades?		
9. ¿Te rodeas de personas positivas y evitas aquellas que constantemente te arrastran hacia abajo o te llenan de negatividad?		
10. Frente a un obstáculo, ¿mantienes una actitud de resiliencia y persistencia en busca de soluciones?		

TOTAL SÍ / NO

SUMA LA CANTIDAD DE RESPUESTAS DE LA COLUMNA "SÍ" Y, CON LA SIGUIENTE GUÍA, INTERPRETA LOS RESULTADOS:

8 a 10 respuestas afirmativas: demuestras una actitud optimista y proactiva frente a los desafíos y situaciones cotidianas. Eres consciente de tus fortalezas, buscas soluciones y aprecias las cosas buenas en tu vida. ¡Sigue cultivando esa mentalidad positiva!

5 a 7 respuestas afirmativas: hay algunas áreas en las que podrías mejorar. Es posible que, en ocasiones, encares desafíos con una actitud más negativa o te centres en los problemas en lugar de las soluciones. Considera identificar esas áreas y trabajar en ellas para fortalecer su mentalidad positiva.

4 o menos respuestas afirmativas: quizá tengas una mentalidad más inclinada hacia lo negativo y que te resulte desafiante mantener una actitud optimista frente a las situaciones adversas. De ser así, reconócelo y busca cambiar tu enfoque hacia una mentalidad más edificante. Trabaja en el desarrollo de la resiliencia, la gratitud y la búsqueda de soluciones.

Ten en cuenta que estos resultados son solo una guía general y no reemplazan una evaluación profesional. Si sientes que tus creencias limitantes están aumentando significativamente tu vida, considera buscar el apoyo de un terapeuta o psicólogo capacitado para ayudarte a desarrollar una mentalidad más positiva.

HENRIQUE FERNANDO SALAS-ROMER

En la década de 1990, J. K. Rowling, la aclamada autora de la serie de libros de Harry Potter, se encontraba en una situación difícil. Era madre soltera, estaba divorciada y luchaba con problemas financieros. Su camino hacia el éxito estuvo lleno de obstáculos que parecían insalvables.

Cuando la madre de Rowling falleció, la escritora buscó un nuevo comienzo y se mudó a Portugal para dar clases de inglés y escribir. Allí, en un país extranjero, conoció a su esposo y juntos tuvieron una hija. Sin embargo, la relación se llenó de maltratos físicos y psicológicos, con lo que Rowling se vio forzada a separarse de su esposo.

Desempleada, dependiendo de la ayuda del gobierno y luchando para mantener a su pequeña hija, las dificultades eran inmensas. Hasta la calefacción era un lujo inalcanzable: para mantener el calor, madre e hija buscaban refugio en las cafeterías cercanas. Fue en una de esas cafeterías donde Rowling comenzó a escribir la historia de un niño huérfano y sus increíbles aventuras en una escuela de magia.

EL CAMINO HACIA LA PUBLICACIÓN **NO FUE SENCILLO**. DOCE EMPRESAS EDITORIALES RECHAZARON SU MANUSCRITO.

En medio de la adversidad, la agencia Bloomsbury tomó el riesgo y publicó la obra de la madre soltera. El éxito de Harry Potter se extendió rápidamente y hoy el nombre de J. K. Rowling resuena en todos los rincones del planeta.

Su fortuna, valorada en más de 600 millones de libras esterlinas, la catapultó a la cima, rivalizando con los reyes de Inglaterra en términos de riqueza. Pero su verdadero triunfo no radica únicamente en su éxito financiero, sino en su capacidad de sobreponerse a los obstáculos y no ceder ante los miedos que amenazaron con detenerla.

J. K. Rowling es un ejemplo viviente de resiliencia y determinación. A pesar de las circunstancias desfavorables, nunca renunció a su sueño ni se dejó llevar por el papel de víctima. En cambio, se levantó sobre sus fortalezas, enfrentó sus miedos y abrazó su propósito y proyecto de vida.

PON LA MENTE EN POSITIVO

La historia de J. K. Rowling es un poderoso recordatorio de que podemos superar los desafíos y la adversidad si nos atrevemos a creer en nosotros mismos. Su transformación de una escritora anónima y desalentada en una autora mundialmente reconocida es un testimonio del poder de la resiliencia y de la mentalidad positiva.

No quiero caer en el cliché de "piensa positivo ¡y todo se resolverá!". No es tan fácil, pero es innegable que a medida que mantengas tus pensamientos positivos y te enfoques en tu objetivo, atraerás las fuerzas necesarias para hacerlo realidad. Te encontrarás con las personas adecuadas, las situaciones correctas y, poco a poco, tu objetivo se materializará frente a tus ojos.

> **SI MANTIENES PENSAMIENTOS DE ÉXITO Y RIQUEZA EN TU MENTE**, ESO ES LO QUE CONSTRUIRÁS EN TU VIDA. ASÍ QUE VAMOS A SER CONSCIENTES DE NUESTROS PENSAMIENTOS, A ENTRENAR NUESTRA MENTE PARA EL ÉXITO Y A CONVERTIRNOS EN LOS VERDADEROS CAPITANES DE NUESTRAS VIDAS.

William James, psicólogo de la Universidad de Harvard, sostiene que "La creencia crea el hecho real". ¿Qué significa esto? Pues que tus creencias básicas influyen en cómo piensas y en cómo te comportas. Es como si fueran las raíces de un árbol que determinan cómo crece y florece.

Si tienes creencias positivas, como pensar que eres capaz de lograr grandes cosas, tomarás decisiones inteligentes y darás los pasos correctos para alcanzar tus metas. Pero si tus creencias son negativas, temerosas o llenas de enojo, tu forma de actuar jugará en tu contra. Puedes tomar las decisiones equivocadas o, peor aun, ¡no tomar ninguna acción! Como si te quedas sentado y sin remar en un bote, esperando llegar a la orilla por arte de magia.

Pero cuando adoptas una mentalidad positiva, estás abriendo las puertas a experiencias gratificantes y satisfactorias. Te vuelves más resiliente ante los desafíos, encuentras soluciones donde otros solo ven problemas y puedes afrontar los obstáculos con una actitud optimista.

Si enfrentas una situación difícil en el trabajo y mantienes una mentalidad positiva, procurarás oportunidades de crecimiento y aprenderás de los desafíos, en lugar de dejarte llevar por la negatividad y el desánimo.

No obstante, es común que nos dejemos arrastrar por la negatividad, permitiendo que los miedos y las dudas nos paralicen. Nos aferramos a creencias limitantes y nos dejamos dominar por pensamientos autodestructivos. Esta falta de control sobre nuestra mente distorsiona nuestro potencial y obstaculiza el camino hacia el éxito y la realización personal.

> LA BUENA NOTICIA ES QUE TODOS TENEMOS LA CAPACIDAD DE TRABAJAR EN NOSOTROS MISMOS Y **DESARROLLAR UNA MENTALIDAD MÁS POSITIVA** Y RESILIENTE.

Aunque lleva tiempo y esfuerzo, el autodesarrollo de una mentalidad positiva es esencial para alcanzar nuestro máximo potencial en cualquier área de nuestra vida, ya sea que estemos trabajando en una carrera profesional o liderando un equipo.

Ningún ser humano está vencido mientras él mismo no se rinda en su propia mente. Mientras no te rindas en tu propia mente, no estarás vencido.

VIRA | EL EJERCICIO DE LOS "PORQUÉS"

Para descubrir el origen de tus ideas limitantes, te invito a que te hagas la pregunta del porqué tres veces. Te pongo como ejemplo el temor a conocer gente nueva:

1. **¿Por qué temo conocer gente nueva?**

   Posible respuesta: "Porque creo que no me prestarán atención".

2. **¿Por qué creo que no me prestarán atención?**

   Posible respuesta: "Porque soy tímido".

3. **¿Por qué creo que soy tímido?**

   Posible respuesta: "Porque en la escuela la maestra constantemente me decía que me costaba relacionarme con mis compañeros de clase".

Al practicar este ejercicio, desenmascararás las raíces de tus creencias limitantes y comprenderás cómo se originaron en tu vida. Te animo a aplicar esta técnica a otras áreas que desees trabajar y explorar en profundidad para lograr un mayor autoconocimiento.

Como líder debes siempre enfocarte en la solución al problema, nunca quedarte en el problema como tal.

HANS FINZEL, UNA VERDADERA AUTORIDAD EN EL TEMA DEL LIDERAZGO DIJO: "**A LOS LÍDERES LES PAGAN PARA QUE SEAN SOÑADORES**, MIENTRAS MÁS ALTO LLEGUES EN LIDERAZGO, TU TRABAJO ESTARÁ MÁS BASADO EN VER Y ANTICIPARTE EL FUTURO"

EL PODER DEL SUBCONSCIENTE

A pesar de haber sido escrito en 1937, las enseñanzas de "Piense y hágase rico", de Napoleón Hill, siguen muy vigentes. Allí Hill revela con claridad que los pensamientos positivos son las piedras que forman el camino hacia el éxito.

Destacados psicólogos como Sigmund Freud y Carl Jung llegaron a afirmar la existencia de un "inconsciente" que opera fuera del alcance de la conciencia y que influye en nuestros pensamientos, emociones y comportamientos. Sin ir a mayores profundidades, la mente está formada por dos partes: la parte consciente y la parte subconsciente.

LAS DOS CARAS DE LA MENTE

Consciente

Subconsciente

Mente: parte consciente y la parte subconsciente.

La parte consciente está despierta y activa en tu mente en este momento, mientras que el subconsciente trabaja en segundo plano, sin que te des cuenta.

El subconsciente es poderoso porque almacena todas y cada una de las experiencias, recuerdos y creencias que has adquirido a lo largo de tu vida. Incluso cuando no estás pensando en algo de manera consciente, tu subconsciente sigue trabajando y procesando información.

Joseph Murphy, autor de la obra "El poder del subconsciente", sostiene que el subconsciente tiene un rol clave en la manifestación de nuestros deseos y en la conexión con la inteligencia universal. Según este autor, al alinear nuestros pensamientos y creencias con lo que deseamos, accedemos al poder del subconsciente y manifestamos nuestras metas y deseos.

De acuerdo a este enfoque, el subconsciente es la puerta de entrada a la conexión universal. De allí que cuando nos sumergimos en nuestro subconsciente, accedemos a un nivel más profundo de conciencia y conectamos con la energía universal que nos rodea.

HACIA EL LABERINTO MENTAL

Acceso al subconsciente: meditación, visualización, hipnosis

Así, al acceder a nuestro subconsciente a través de prácticas como la meditación, la visualización o la hipnosis, establecemos una conexión más profunda con la energía universal.

Cuando nos sumergimos en el subconsciente, nuestras creencias, pensamientos y emociones impactan en el campo energético que nos rodea. Por ejemplo, si te enfocas en tus metas y sueños con una mentalidad positiva y visualizas con detalle cómo sería alcanzarlos, estableces una conexión más fuerte con la energía que te rodea. Al hacerlo, es posible que atraigas las circunstancias y oportunidades necesarias para manifestar esas metas en tu realidad. Es la llamada Ley de Atracción. La pasión juega un rol vital para conectar con tu subconsciente y es considerada como el motor que te mueve a actuar, capaz de llevarte de lo intangible a lo tangible, es decir, de materializar tus sueños.

Tus pensamientos actúan como un imán. Cuando te entusiasma una idea, debes repetirla constantemente con emoción. ¡Sí, la emoción es clave! Porque son las emociones las que te impulsan a hacer realidad esa idea. Es como si estuvieras enviando una señal al universo, diciendo: "¡Hey, esto es lo que quiero y lo quiero con todas mis fuerzas!".

> A TRAVÉS DE ESTA CONEXIÓN, PUEDES ESTABLECER PLANES, TOMAR DECISIONES Y EJECUTAR TU PLAN CON DETERMINACIÓN. ES COMO **TENER AL UNIVERSO DE ALIADO.**

VIRA | PRACTICA LA RESPONSABILIDAD PERSONAL

En el libro "Si lo crees, lo creas", de Brian Tracy, presidente y CEO de Brian Tracy International, una compañía especializada en la capacitación y desarrollo de individuos y organizaciones, abundan consejos muy útiles para eliminar los pensamientos negativos y adoptar una mentalidad positiva de triunfador. Te recomiendo su lectura.

Por los momentos, te adelanto una recomendación vital de este texto: **practicar la responsabilidad personal**. Según Tracy, lo logras repitiendo una y otra vez la afirmación "¡Soy responsable!" cuando te sientas enojado o descontento. Al repetir esta afirmación, estarás reemplazando los pensamientos negativos con una actitud positiva y asumiendo el control de tus emociones.

Además, el texto menciona que tu mente contiene solo un pensamiento a la vez, ya sea positivo o negativo. Por lo tanto, es fundamental elegir conscientemente mantener el pensamiento "soy responsable" en lugar de los pensamientos negativos.

DESAFÍA TUS CREENCIAS LIMITANTES

El liderazgo no se trata solo de dictar las pautas para hacer cosas, sino de hacerlo desde una base sólida de confianza en ti mismo. Pero si en tu interior no te sientes valioso, digno o capaz, sin duda esa actitud echará al traste tu liderazgo. Significa entonces que ya han entrado en juego las creencias limitantes.

> SI CREES QUE NO MERECES ESTAR EN ESA POSICIÓN DE LIDERAZGO, **ACTUARÁS DESDE EL MIEDO** Y LA INSEGURIDAD.

Las creencias limitantes son ideas o convicciones arraigadas en la mente que nos autolimitan e impiden desarrollar nuestro máximo potencial. Estas creencias negativas se sedimentan en a partir de experiencias traumáticas o negativas, comentarios de otros, expectativas sociales o autocríticas persistentes.

El origen de las creencias limitantes nace ya sea en la infancia, cuando absorbemos ideas y patrones de pensamiento de nuestros padres, familiares o entorno, o surgen de experiencias traumáticas o fracasos anteriores que generan miedo, inseguridad y dudas sobre nuestras capacidades.

Aunque no soy psicólogo, es un campo que me apasiona. Y el descubrimiento de este concepto, de la mano del psicólogo estadounidense Albert Ellis, fue toda una revelación. Ellis, quien vivió entre 1913 y 2007, fue el creador de la terapia cognitiva conductual, mediante la cual identificó y trabajó con las creencias irracionales y los pensamientos negativos que las personas mantienen, los cuales pueden limitar su bienestar emocional y su capacidad para tomar decisiones y alcanzar metas.

Ellis acuñó el término "creencias irracionales" para referirse a las ideas distorsionadas y negativas que las personas tienen sobre sí mismas, los demás y el mundo. Estas creencias irracionales, también conocidas como ideas limitantes, generan emociones negativas y obstáculos para el crecimiento personal.

Tales creencias se internalizan en el subconsciente y actúan como filtros desde los cuales percibimos el mundo y a nosotros mismos, limitando nuestras acciones y decisiones. De allí la importancia de identificar y desafiar estas creencias para liberarnos de su influencia y abrirnos a nuevas posibilidades y un mayor crecimiento personal.

VIRA | IDENTIFICA TUS CREENCIAS LIMITANTES

A partir de los estudios de Albert Ellis, te propongo un ejercicio práctico a realizar con papel y lápiz para identificar tus creencias limitantes:

1. **Reflexión.** Toma un momento para reflexionar sobre tus pensamientos, actitudes y patrones de comportamiento que pueden estar limitando tu crecimiento personal.

2. **Identificación.** Escribe en un papel todas las creencias que consideres que podrían estar limitándote. Por ejemplo, podrías escribir creencias como "No soy lo suficientemente inteligente", "No merezco tener éxito" o "No puedo superar mis miedos".

3. **Análisis.** Examina las creencias que has identificado y pregúntate: ¿De dónde proviene? ¿Cuál es la evidencia que tengo para respaldarla? ¿Cómo ha afectado mi vida y mis decisiones hasta ahora?

4. **Cuestionamiento.** Desafía cada creencia limitante escribiendo evidencias en contra. Si tu creencia limitante es "No soy capaz de...", escribe ejemplos de logros que demuestran lo contrario.

5. **Reemplazo.** Reemplaza tus creencias limitantes por creencias potenciadoras y positivas. Apunta nuevas afirmaciones que refuercen tu confianza y tus capacidades, como "soy capaz de aprender y crecer en cualquier área que me proponga" o "merezco alcanzar el éxito y la felicidad en mi vida".

6. **Acción.** Comprométete a actuar según tus nuevas creencias potenciadoras. Establece metas realistas y da pasos concretos hacia ellas, desafiando tus antiguas creencias limitantes en el proceso.

Si mientras guías a tu equipo o emprendes un proyecto de vida te asaltan los pensamientos como "¿Realmente merezco liderarlos?" o "Seguro hay alguien más competente que yo", estas creencias negativas tendrán consecuencias nefastas. Dudarás de tus decisiones, serás indeciso o no te comunicarás de manera clara con tu equipo.

TUS ACCIONES ESTARÁN INFLUENCIADAS POR ESA **CONVICCIÓN DE INCOMPETENCIA**, Y ESO AFECTA EL DESEMPEÑO Y LA CONFIANZA DE TU EQUIPO. ES COMO SI LLEVARAS UN LASTRE EN TU ESPALDA MIENTRAS INTENTAS LIDERAR. EN LUGAR DE AVANZAR CON CONFIANZA HACIA EL TESORO, TE VERÁS LIMITADO POR TUS PROPIAS DUDAS Y MIEDOS.

Lidiar con estas creencias limitantes es clave para desarrollar un liderazgo sólido. En el siguiente capítulo te daré algunas claves de cómo, en mi caso particular, logré vencer muchas de estas ideas.

VIRA | PON TUS PENSAMIENTOS EN PERSPECTIVA

Una estrategia es reconocer los pensamientos negativos y ponerlos en perspectiva. Pregúntate si esos pensamientos te ayudan o dificultan en tu desempeño. Valora la crítica constructiva y utiliza las habilidades y fortalezas que tienes. Además, compartir tus sentimientos de incompetencia con amigos o mentores te ayudará a obtener apoyo y perspectivas externas.

Si tienes el pensamiento recurrente "No soy lo suficientemente bueno" y quieres cambiarlo por "Soy capaz y valioso", cada vez que te encuentres pensando en tu falta de valía, detente y repite conscientemente la nueva creencia: "Soy capaz y valioso". A medida que repitas esta afirmación y te enfoques en ella, estarás construyendo un nuevo sendero en tu cerebro, fortaleciendo la creencia de tu valía y capacidad.

PASA DE VÍCTIMA A LÍDER

En el año 2013, el Instituto Journal Applied Psychology analizó el impacto de los roles de víctima y de líder en el lugar de trabajo. Examinaron a más de 1000 empleados y evaluaron su desempeño y bienestar psicológico. Los resultados fueron devastadores para quienes asumen el rol de víctimas, ya que estos, en porcentajes elevadísimos, aparecieron con muy bajo rendimiento laboral y un muy alto grado de deterioro en su bienestar.

Pero los que asumían el rol de protagonistas, los líderes, eran prácticamente los que aportaban el mayor rendimiento y tenían un altísimo grado de satisfacción personal.

Todos hemos pasado por ambos roles y quizás no hemos concientizado la importancia de cambiar nuestra actitud. Si así mismo te lo quiero transmitir, porque el ser protagonista, el ser líder, que comienza en ti, es una actividad que se puede aprender.

¿Cómo es una víctima, cómo es un espectador?

Cuando se le presenta una situación o un problema, se queja y su mente se ve en la imperiosa necesidad de culpar a alguien o buscar alguna razón externa a él o ella. Es un experto en encontrar excusas y en lanzar la responsabilidad a otros. Por lo general, considera que no tiene control y por eso no es responsable.

Muchas veces asumimos este rol por no darnos cuenta de la importancia de la otra ruta, que es la del protagonista. Sobre esto hablaremos en breve.

Pero, ¿por qué se le considera un espectador? Imagínate en un estadio de béisbol, fútbol o básquetbol: tú eres el espectador que ve el juego. Si algún jugador comete un error, lo criticas porque no es tu responsabilidad y esa es la máxima acción que toma. Si el espectador llega tarde a una cita, asume que no tiene control sobre el tráfico y no es responsable, y ya...

Las palabras típicas del espectador son:

- "Debo hacer".
- "Se supone".
- "Me dicen"...

Parece siempre que alguien de más autoridad le ordenó. Pareciera que ve cada día como un acto de supervivencia.

¿Cómo actúa un líder o un protagonista?

El líder asume que puede hacer algo para cambiar la realidad y mejorarla. Asuma el 100% de la responsabilidad. Aprende de lo sucedido, diseña una solución, pasa a la acción aplicándola y resuelve.

Y es que siendo y considerándose EL JUGADOR, tomando el ejemplo del estadio de pelota anterior, asume su responsabilidad y aplicará medidas correctivas para mejorar y no vuelva a suceder.

Si el protagonista llega tarde a una cita, asume su responsabilidad y la admite. Sabe que pudo salir antes y sabe que puede y que lo va a mejorar. Es decir, que puede ejercer control sobre lo sucedido.

Las palabras típicas del protagonista son: "quiero", "lo haré", "es mi deseo"... Evidente control sobre sus decisiones.

Para pasar a ser líderes

Hay una expresión que en algunos países se utiliza: "PASA EL SWITCHE". Así como pasar de off a on, deja de ser una víctima y comienza a presentarte como un líder.

Todos hemos pasado por ambos roles y quizás no hemos concientizado la importancia de cambiar nuestra actitud. Si así mismo te lo quiero transmitir, porque el ser protagonista, el ser líder que comienza en ti, es una actividad que se puede aprender.

Por ejemplo, en lugar de quejarte de que llegaste tarde al trabajo por el tráfico, asume tu responsabilidad. Podrías haber salido más temprano. La próxima vez, sal con tiempo de sobra. Sé protagonista de tu vida tomando el control.

VIRA PASA EL SWITCH

Hábitos que a mí me han servido:

- Cada vez que pienses en un problema, cámbialo por otro pensamiento que diga "yo soy el responsable". Verás cómo tu mente comienza a pensar en soluciones y no en endosarle el problema a otra razón. Comprométete a asumir el 100% de la responsabilidad en todo. Oblígate a buscar soluciones y a actuar para resolver. Este cambio de actitud es mágico, porque no solo buscas una solución, sino que pasas a la acción.

- Si somos responsables en un 100% de todo lo que pase, evidentemente nos sentimos retados. Ahora veremos los problemas como un reto a vencer y no a endosar. Así que le meterás cabeza para diseñar la mejor solución, no cualquier solución. Debes buscar la excelencia.

- "Liderar es influir, nada más, nada menos". Como dice John Maxwell.

Debes inspirar en los demás confianza hacia ti. La confianza es la base fundamental del liderazgo. Créate el hábito de ser el que más ayuda a los demás y te darás cuenta de la influencia positiva que alcanzas.

- Sé disciplinado para hacer lo que hay que hacer. Prioriza, primero lo primero. Si eres de los que hace ejercicio todos los días, seguro habrá días que flaquearás. Ahí debes optar entre "fácil hacerlo" o "fácil no hacerlo". Elige siempre la opción correcta aunque cueste más.

- Para liderar tu vida y ser protagonista, tienes que ser auténtico. Describe cuál es tu propósito en la vida, en qué sientes pasión. Esa es tu misión, tu porqué. Visualízalo, siente tu visión, ese es tu qué. Haz tu estrategia, cuál es tu plan, tu cómo. Si no lo tienes claro, imagina tu funeral y qué te gustaría que dijeran de ti. Ahí está la respuesta.

HENRIQUE FERNANDO SALAS-ROMER

TU MENTE ES UN MÚSCULO, ¡ENTRÉNALA COMO TAL!

LA MENTE ES UN MÚSCULO QUE PODEMOS ENTRENAR PARA ALCANZAR NUESTRO MÁXIMO POTENCIAL. LA PLASTICIDAD CEREBRAL PERMITE UNA **MENTALIDAD EN POSITIVO**.

TEST ✓
¿QUÉ CAMBIARÍAS EN TU VIDA?

Imagina por un momento cómo cambiaría tu vida si tuvieras plena confianza en ti mismo. Cierra los ojos y permítele a tu mente explorar las respuestas a las siguientes preguntas:

¿QUÉ ASPECTOS DE TU VIDA CAMBIARÍAS?

Tal vez te des cuenta de que cambiarías la forma en que te percibes a ti mismo y cómo te relacionas con los demás. Quizá te gustaría tener más confianza para perseguir tus sueños y metas, asumiendo nuevos desafíos y aprovechando oportunidades que antes te parecían inalcanzables.

¿QUÉ PERSONAS NO QUERRÍAS A TU ALREDEDOR?

Tal vez reconozcas que hay personas negativas en tu vida que te limitan. Al creer en ti mismo, podrías alejarte de esas relaciones y rodearte de personas que te apoyen, te inspiren y te impulsen hacia adelante. Buscarías conexiones más significativas y constructivas, rodeándote de aquellos que comparten tus valores y te animan a crecer.

¿HARÍAS EL MISMO TRABAJO QUE ESTÁS HACIENDO?

Podrías cuestionar si tu trabajo actual realmente te realiza y te permite aprovechar al máximo tus habilidades y pasiones. Al cambiar tu suiche hacia una mentalidad positiva, tendrías la valentía de explorar nuevas oportunidades profesionales, tal vez iniciar tu propio negocio o perseguir una carrera que te apasione.

¿CÓMO SERÍA TU VIDA SI NO TE DEJARAS MANIPULAR POR LOS MIEDOS Y LOS PENSAMIENTOS NEGATIVOS QUE TE JUZGAN Y TE LIMITAN?

Piensa una vida en la que te enfrentas a los desafíos con determinación. Dejarías de permitir que el miedo y los pensamientos negativos te detengan, atreviéndote a tomar riesgos.

RESULTADOS

Si te gustan las respuestas que vienen a tu mente con las respuestas que diste, ¡ya estás en el camino correcto! Tu creencia en ti mismo te impulsa hacia una vida más positiva y satisfactoria.

Sin embargo, si estas respuestas te generan insatisfacción o incertidumbre, hay buen trabajo por hacer. **Comienza a desarrollar la confianza en ti mismo** practicando el pensamiento positivo y cultivando una mentalidad de crecimiento, tal como te adelanto en este capítulo. ¡Adelante!

De pequeño, a la edad de cinco años, fui diagnosticado con una enfermedad llamada Pertes, una descalcificación en la cabeza del fémur. En mi caso, afectaba mi pierna izquierda que, sin soporte adecuado, era más corta que la derecha. Para tratar y rehabilitar esa área, los médicos me pusieron una bota ortopédica en mi pie izquierdo, con un tacón alto, mientras que en mi pie derecho usaba un zapato normal.

Pero eso no era todo, tenía que usar un aparato ortopédico que iba desde mi cintura hasta el pie, hecho de hierro, que me impedía doblar la pierna. Es probable que hayas visto imágenes de niños que enfrentan algo similar.

Recuerdo cómo mis padres intentaban hacer la situación más llevadera, diciéndome que ese aparato era mi "caballo". No podía doblar mi pierna izquierda, pero sí podía "galopar" de cierta forma, así que me uní al juego y comencé a considerarlo mi caballo también.

Lo más sorprendente es que cuando iba al colegio, todos los demás niños querían tener el "caballo de Enrique". Pedían a sus padres un aparato ortopédico similar, deseando transformar lo que era un problema de salud en algo emocionante. Imagínate eso, todos los niños rogando a sus padres por un aparato como el mío.

Y en caso de que algún desafortunado se metiera con alguno de mis amigos, bueno, un golpe con mi "caballo" de hierro solía resolver el problema. Entonces, parecía que todos querían tener uno por esa razón también.

Esa experiencia me brindó seguridad, alegría, y un optimismo duradero. Un par de años después, cuando ya había recuperado la salud en mi fémur y me quitaron el aparato, me instaron a hacer mucho ejercicio, especialmente natación. Es que así eduqué a mi cerebro para el bienestar y la plenitud.

> DESDE ENTONCES, ME ENCANTA NADAR Y TAMBIÉN JUGAR FÚTBOL, BÉISBOL. FUI MARATONISTA E INCLUSO TENISTA EN MI JUVENTUD. ¡PIÉNSALO! **AQUELLA EXPERIENCIA DE MI INFANCIA** TUVO UN IMPACTO TAN GRANDE EN MI VIDA.

EN LA FÁBRICA DEL CEREBRO

Nuestro cerebro está formado por un descomunal equipo de trabajadores llamados neuronas. Cada vez que tenemos un pensamiento, esas neuronas se conectan y trabajan juntas. Si pensamos en algo una y otra vez, esas neuronas se harán expertas manejando ese pensamiento y formarán conexiones para que ese determinado pensamiento se vuelva automático, como un hábito.

Pero a veces no nos conviene tener determinados pensamientos que nos llevan a la tristeza, al agobio o al temor. La buena noticia es que nuestro cerebro es muy inteligente y tiene la capacidad de cambiar esas conexiones mediante la neuroplasticidad cerebral.

Neuroplasticidad cerebral

Al principio, es bastante difícil cambiar esos pensamientos viejos: nuestro cerebro está acostumbrado a ellos y le gusta mantenerse en su zona cómoda. Pero si identificamos los pensamientos que nos hacen sentir mal o nos detienen, podremos decirle al cerebro que queremos pensar cosas nuevas y buenas.

En este capítulo aprenderemos a lograrlo. Repito de nuevo: no soy psicólogo, así que me remitiré a exponer la metodología aprendida en numerosas lecturas sobre el tema, más el camino mental que me ha servido para espantar muchos de los demonios y fantasmas que, eventualmente, acosan mi mente. Para lograr una mentalidad positiva, optimista y abierta a los cambios, veo fundamental enfocarse en tres etapas que te explico a continuación:

EL EFECTO VIRA

1. Visualiza

Aun sin proponérmelo, me convertí en gobernador utilizando el método de la visualización. Yo lo visualicé cuando, en 1990, le estaban poniendo la banda de gobernador del estado Carabobo a mi padre. Sentí que yo estaba en su lugar, no sé por qué, aunque luego el destino me diera la respuesta.

> **TODO COMIENZA CON UN SUEÑO, UNA IDEA QUE SE FORMA EN TU MENTE.** VISUALÍZATE ALCANZANDO ESE SUEÑO Y ACTÚA COMO SI YA ESTUVIERAS VIVIENDO ESA REALIDAD. GFGG

La visualización es una técnica que implica la creación consciente de imágenes mentales vívidas y detalladas. La utilidad de la visualización radica en su capacidad para influir en los procesos cognitivos y emocionales de la persona: al imaginar y experimentar internamente ciertas situaciones, se activan áreas del cerebro relacionadas con la percepción, la memoria y las emociones, creando una experiencia subjetiva similar a la de una experiencia real, lo que impacta la motivación, la confianza en uno mismo y la preparación mental para enfrentar desafíos.

> ES COMO HACER UNA PELÍCULA EN TU MENTE: IMAGINAS COSAS EN TU CABEZA Y LAS VES **COMO SI ESTUVIERAN SUCEDIENDO DE VERDAD.**

John C. Maxwell, en su bestseller "Desarrolle el líder que está en ti", afirma: "Los líderes efectivos tienen una visión de lo que deben realizar. Esa visión llega a ser la energía que hay detrás de cada esfuerzo y la fuerza que les empuja a través de todos los problemas. Con visión, el líder cumple una misión, la multitud se contagia de su espíritu y otros comienzan a levantarse también junto con el líder".

Según este especialista, la visión es "una declaración clara, en un mercado competitivo, de que usted tiene un nicho importante entre todas las voces que claman por clientes. Es su verdadera razón de existir. La visión es la clave para que toda persona conserve el enfoque". Así que sin visión, sin esa perspectiva a futuro de lo que puedes alcanzar, nunca harás realidad lo que sueñas y el éxito en la vida general.

Varios expertos han hablado sobre la visualización y respaldado su eficacia. Shakti Gawain, autora de "Imagina: crea y visualiza tu vida ideal", explora cómo la visualización creativa impulsa los deseos de tener una vida más plena. Gawain recomienda, por ejemplo, que si estás planificando un proyecto, en lugar de decir "espero que funcione", di "estoy seguro de que este proyecto será exitoso y superará las expectativas".

Puede ser la visión de iniciar tu propio negocio, digamos una tienda de ropa. Entonces, imagina cómo sería tu tienda, los productos que ofrecerás y cómo se sentiría tener éxito en ese negocio.

Recuerdo haber leído estos pensamientos, pero no recuerdo sus autores, me parece importante mencionarlos y por eso los pondré entre comillas:

> "SI QUIERES UNA CUALIDAD ACTÚA COMO SI YA LA TUVIERAS" Y **"ACTÚA COMO SI YA ERES LA PERSONA QUE QUIERES SER"**

VIRA | ESCRIBE TUS ÁNIMOS

Cuando tienes un sueño y realmente lo deseas, **debes escribirlo y establecer un plazo para lograrlo**, tomando conciencia de tus emociones. ¿Te sientes feliz, motivado, lleno de energía? Utiliza las mejores frases para describirlo. Te explico: en lugar de decir "me siento bien", di "me siento lleno de energía para enfrentar cualquier desafío que se presente".

Esta práctica refuerza la confianza en ti mismo y te ayuda a actuar en consonancia con tus objetivos. Por ejemplo, si sueñas con tener tu propio negocio, visualízate dirigiéndolo con éxito, tomando decisiones y disfrutando de la satisfacción de alcanzar tus metas.

Así visualiza un líder

Aunque la visualización tiene una amplia variedad de usos, como la reducción del estrés y la superación de miedos y fobias, es especialmente útil para desarrollar habilidades de liderazgo, ayudando a la toma de decisiones efectivas al imaginar diferentes escenarios y evaluar sus consecuencias.

También impulsa la mejora de la de comunicación si visualizas presentaciones, discursos o charlas relevantes. Si trabajas en cultivar la empatía para comunicarte mejor con tu equipo, la toma de decisiones rápida o la resolución de conflictos, te recomiendo visualizar situaciones en las que aplicas esas habilidades.

Cuando estudiaba y vendía enciclopedias, recuerdo la técnica con la que nos entrenaban para vender en la Enciclopedia Británica. Precisamente era visualizar la foto del cierre de la venta y ponerla en nuestro pensamiento central. No habíamos tocado la puerta, ni conocíamos al comprador, pero ya estábamos con una actitud confiada, sin estrés, de que la venta se iba a dar. Y aunque no lo creas, con esa técnica cerré muchas ventas. ¡Te la recomiendo!

De la mano de la autora Shakti Gawain te pongo a continuación algunas recomendaciones para realizar una buena visualización:

PASOS PARA LA VISUALIZACIÓN
1. Relajación
2. Enfoque
3. Sé muy detallado
4. Emociones positivas
5. Creencia en el resultado

- **Relajación**

Antes de comenzar la visualización, practica técnicas de relajación como la respiración profunda, la meditación o la música relajante.

- **Enfoque**

Concéntrate en el objetivo específico de tu visualización. Define claramente lo que deseas visualizar y mantén tu atención en ese tema durante el proceso.

- **Sé muy detallado**

Haz que tus imágenes mentales sean lo más detalladas y vívidas posibles. Utiliza tus cinco sentidos para imaginar no solo cómo se ve, sino también cómo se siente, suena, huele y sabe.

- **Emociones positivas**

Acompaña tus visualizaciones con emociones positivas. Siente la alegría, la confianza, el entusiasmo o cualquier otra emoción positiva asociada con el logro de tu objetivo.

- **Creencia en el resultado**

Ten fe y confianza en que tus visualizaciones se convertirán en realidad. La creencia en el poder de la visualización refuerza su efectividad y aumenta la motivación para trabajar hacia tus metas.

2. Repite

La repetición implica repetir conscientemente pensamientos positivos. Su importancia radica en que nuestro cerebro se adapta y aprende de las experiencias que le proporcionamos, como te dije líneas atrás.

Al repetir constantemente tu deseo, lo transmites a tu subconsciente, donde se halla lo que conocedores llaman la "inteligencia infinita" o la conexión con el universo: al conectar con el universo, atraes los elementos necesarios para hacer realidad tu sueño.

La repetición de pensamientos positivos cambia patrones de pensamiento al fortalecer las conexiones neuronales asociadas con esos pensamiento. Ello facilita su adopción.

A medida que nuestras creencias y pensamientos se alinean con lo que deseas lograr, empezarás a actuar de manera coherente y a atraer oportunidades que refuerzan esa realidad que quieres crear.

Con el tiempo y la práctica constante, la nueva creencia comienza a generarse automáticamente en nuestra mente, reemplazando los pensamientos antiguos y limitantes.

Practica "Elija de nuevo"

La autora Gabrielle Bernstein en su obra "El Universo te respalda", propone una práctica diaria llamada "Elijo de nuevo" en la que se eligen afirmaciones positivas y se repiten en el día para transformar patrones de pensamientos negativos en positivos.

Te recomiendo los pasos de su práctica de **"Elijo de nuevo":**

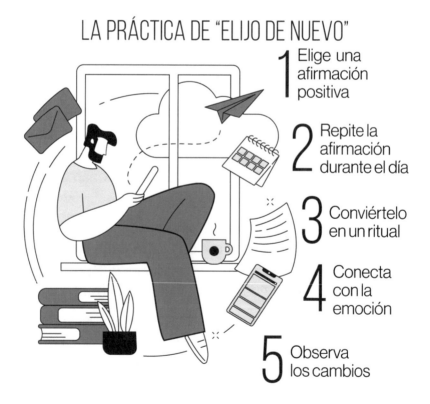

LA PRÁCTICA DE "ELIJO DE NUEVO"

1. Elige una afirmación positiva
2. Repite la afirmación durante el día
3. Conviértelo en un ritual
4. Conecta con la emoción
5. Observa los cambios

1. **Elige una afirmación positiva.** Una que resuene contigo, algo como "Soy merecedor de amor y felicidad", "Confío en mí mismo/a y en el proceso de la vida", o cualquier otra afirmación que te inspire y te haga sentir bien. Algunos ejemplos de afirmaciones positivas a repetir para cultivar una mentalidad positiva:
- "Soy capaz de superar cualquier desafío que se presente en mi camino".
- "Cada día, me siento más feliz y en paz conmigo mismo/a".
- "Confío en mis habilidades y en mi capacidad para lograr mis metas".
- "Agradezco las bendiciones y oportunidades que se presentan en mi vida".
- "Soy digno/a de amor y respeto, tanto de los demás como de mí mismo/a".
- "Cada día es una nueva oportunidad para crecer y aprender."
- "Merezco éxito y prosperidad en todas las áreas de mi vida".
- "Me amo y me acepto tal como soy, con todas mis fortalezas y debilidades".
- "Mis pensamientos positivos y mi actitud optimista crean mi realidad."
- "Estoy rodeado/a de energía positiva y personas que me apoyan."

ADAPTA ESTAS AFIRMACIONES O **CREA LAS TUYAS** SEGÚN TUS NECESIDADES Y CIRCUNSTANCIAS.

2. **Repite la afirmación durante el día.** Tómate momentos para repetir la afirmación elegida, ya sea en tu mente o en voz alta. También, establece recordatorios en tu teléfono o coloca notas adhesivas con la afirmación en lugares visibles para recordarte repetirla.
3. **Conviértela en un ritual.** Dedícale unos minutos por la mañana al despertar, durante una pausa para el almuerzo o antes de irte a dormir. Establece un momento específico que funcione mejor para ti y comprométete a hacerlo regularmente.
4. **Conecta con la emoción.** Mientras repites la afirmación, conecta con la emoción y la energía positiva que transmite. Siente cómo resuena en tu interior y visualiza los efectos positivos que esa afirmación tiene en tu vida.
5. **Observa los cambios.** Determina cualquier cambio en tus patrones de pensamiento y en cómo te sientes. Para ello, la autora recomienda llevar un diario para registrar tus observaciones y reflexiones.

> SI QUIERES SER UN LÍDER, ENTRENA TU MENTE PARA CONVERTIRLA EN UN FARO DE POSITIVIDAD. ¿CÓMO LOGRARLO? **¡CON PRÁCTICA Y REPETICIÓN!** ASÍ QUE CADA DÍA, DEDICA UN TIEMPO A REFORZAR TUS PENSAMIENTOS POSITIVOS Y DESHACERTE DE LAS DUDAS Y LOS PENSAMIENTOS NEGATIVOS.

VIRA | ANCLAS CONTRA LAS CREENCIAS LIMITANTES

Usa anclas simbólicas para vencer las creencias limitantes:

1. **Escoge un objeto simbólico:** que puedas llevar contigo de manera constante. Este objeto será tu ancla y te servirá como recordatorio visual de tu objetivo de superar las creencias limitantes.

2. **Identifica tus pensamientos limitantes:** piensa en las creencias limitantes que quieres superar: los pensamientos que te frenan e imposibilitan avanzar.

3. **Asocia el objeto a los pensamientos limitantes:** cada vez que tienes esos pensamientos, el objeto te recuerda tu objetivo de superar esas creencias.

4. **Usa el ancla para cambiar tus pensamientos:** cuando te asalte un pensamiento limitante, toca tu objeto simbólico y concéntrate en superar esa creencia. Repite una afirmación positiva que contrarreste el pensamiento limitante.

5. **Repite el ejercicio de manera constante:** cuanto más practiques, más fortalecerás la asociación entre el objeto y el cambio de creencias.

3. ¡Acciona!

Tras los resultados de las elecciones regionales de Carabobo en octubre de 2004, en la que de manera evidente maniobraron para cambiar los resultados (habiendo ganado, no gané), quedé, debo reconocerlo, afectado emocionalmente. Me fui, como les comenté, invitado a Yale University por un año, durante ese año me visualizaba volviendo a mi responsabilidad como gobernador.

Sin embargo, a mi regreso me refugié en mi casa y casi no salía de ella. Pasé unos meses encerrado, sumido en mis pensamientos y emociones negativas. Quizás en gran parte por escuchar a quienes, aunque de buena fe, me decían que en todo el país no existía un solo caso de exgobernador que, habiendo salido del cargo, y volviendo a aspirar, había ganado. Además de otros que decían que había nuevos líderes y el pueblo consideraba que ya mi momento había pasado.

Siendo joven y escuchar estas afirmaciones eran para mí como una especie de decretos no escritos que impactaron negativamente mis pensamientos.

Pero un día, a finales de 2006, mientras estaba en casa, un amigo llamó a mi puerta. Me dijo: "Henrique, vine a buscarte porque afuera la gente se pregunta dónde estás. Hay una corrida de toros esta tarde y quiero que vengas conmigo". Yo le respondí que no tenía ánimos para ese tipo de cosas, que no tenía ganas de salir. Pero mi amigo insistió: "Vamos, olvídate de todo, te vendrá bien". Así que, contra mi voluntad, accedí a acompañarlo.

Cuando entramos a la plaza de toros, algo increíble sucedió. La multitud estalló en una ovación ensordecedora. Quedé sorprendido por la reacción.

Ese momento fue un punto de inflexión en mi vida. Me hizo darme cuenta de que aún tenía mucho por hacer y que no podía rendirme.

Fue como si me dieran una nueva oportunidad para recomenzar. Dos años después, y tras mucha acción trabajando muy duro, retomé para un cuarto periodo 2008-2012 la gobernación del estado Carabobo.

Ya sea el miedo al fracaso, al rechazo o a salir de tu zona de confort, los temores son como monstruos imaginarios que nos asustan sin razón. Pero podemos ser más fuertes que ellos. ¿Cómo? El primer paso es identificar cuáles son tus miedos y pasar a la acción.

En Venezuela nadie había logrado ser reelegido gobernador. Pero a mí me tendieron una trampa enorme, y yo dije: "Este obstáculo lo superaré". Soy extremadamente competitivo por naturaleza, y esa determinación me impulsó a tomar una decisión audaz.

El camino no fue fácil, pero puse todo mi esfuerzo, persistí hasta que, de repente, la gente comenzó a reconectarse conmigo. Y gané las elecciones después de haber estado fuera del ojo público durante casi tres años.

> ESE LOGRO REPRESENTÓ UN HITO EN MI TRAYECTORIA POLÍTICA, DEMOSTRÁNDOME QUE MI LIDERAZGO Y MI **CAPACIDAD PARA CONECTAR CON LA GENTE** NO HABÍAN DISMINUIDO.

Esta experiencia me enseñó que los desafíos son oportunidades y que, con trabajo duro y la lealtad de la gente, se alcanzan metas aparentemente imposibles. Que la acción destruye al temor.

Un estudiante quizá tema no pasar un examen. ¿Qué hace para superar ese temor? Toma sus libros, se concentra y profundiza en sus conocimientos. Así, poco a poco, disipa el temor y se prepara para enfrentar el desafío con confianza.

Lo mismo aplica a los líderes y gerentes. Si tienes temor de tomar decisiones importantes o de invertir en un nuevo proyecto, te invito a analizar todas las alternativas y tomar la mejor decisión. Luego, ¡actúa! No te quedes estancado en la incertidumbre.

En el béisbol se dice no te quedes entre tercera y home, creo firmemente que la indecisión es una las peores posiciones que cualquiera puede asumir. Indecisión es estar perdido, sin rumbo y paralizado. ¡Presa fácil para cualquier cazador!...

En el libro "Burlar al Diablo", de Napoleón Hill, el autor conversa con el diablo y le pregunta en qué se fija para que la gente caiga en sus dominios. El diablo responde que sus primeras y más fáciles víctimas son los seres humanos indecisos. Al no saber qué es lo que quieren, es muy fácil pintarle caminos que los lleve hacia el mal. Este libro también te lo recomiendo.

A medida que tu visión se fortalezca con la repetición, experimentarás un enorme deseo de convertir esa visión en realidad. ¡Ese deseo será el motor de tu pasión que te impulse a trabajar para lograrlo!

Cuando tu cerebro comienza a planificar y actuar para construir tu negocio, por ejemplo, empiezas a realizar actividades que quizás nunca habías pensado antes, como investigar proveedores, diseñar una estrategia de marketing y crear un plan financiero.

> **"QUE TUS DECISIONES REFLEJEN TUS ESPERANZAS,** NO TUS TEMORES", DIJO NELSON MANDELA.

Ya verás cómo, cuando empieces a pasar a la acción, comenzarán a aparecer personas que son clave para hacer realidad tu sueño, ya sea un mentor experimentado en el negocio minorista que te brinda orientación valiosa, o un socio comercial que comparte tu visión y aporta habilidades complementarias. Además, sin duda se presentarán oportunidades que antes no habías considerado, como encontrar el lugar perfecto para tu tienda a un buen precio.

Eso sí: agrega valor a todo lo que hagas. Como dijo Albert Einstein: "Intenta no volverte un hombre de éxito, sino volverte un hombre de valor". Cuando aportas valor, no solo te beneficias a ti mismo, sino que también inspiras y motivas a los demás a hacer lo mismo.

Para pasar a la acción

Ahora, ¿cómo pasar a la acción? Primero bebamos de las palabras de Amelia Earhart, la primera aviadora en volar sola a través del océano Atlántico: "Lo más difícil es la decisión de actuar, el resto no es más que tenacidad. Los miedos son tigres de papel. Puedes hacer cualquier cosa que decidas hacer. Puedes actuar para cambiar y controlar tu vida; y el procedimiento, el proceso, es su propia recompensa".

Cada caso es un mundo, aunque en las siguientes líneas te dejo el paso a paso que a mí me ha funcionado:

VIRA: 5 PASOS PARA LA ACCIÓN

1. Identifica tu objetivo y divídelo en metas

Desglosa tu objetivo en pasos o tareas más pequeñas y manejables para así mantener una visión clara de lo que necesitas hacer y avanzar de manera progresiva.

2. Crea un plan de acción

Tras identificar claramente el objetivo que deseas y establecer los pasos para alcanzarlo. Incluye también las estrategias y acciones específicas para avanzar.

> **EN ESTA ETAPA, ORGANIZA TUS PASOS EN ORDEN DE IMPORTANCIA O SECUENCIA LÓGICA, DETERMINANDO QUÉ ACCIONES SON CRUCIALES PARA AVANZAR HACIA TU OBJETIVO Y ENFÓCATE EN ELLAS.**

También es clave en esta etapa desarrollar las habilidades para materializar tu negocio, ya sea aprender de ventas, gestión de inventario, atención al cliente o marketing digital. A medida que adquieres práctica en estas áreas, te conviertes en un profesional en el campo y te acercas más a la realización de tu sueño.

En este plan de acción muchas veces deberás incorporar tiempo para formarte en áreas donde consideres que te hace falta más especialización. Establece rutinas para que poco a poco se transformen en hábitos.

3. Identifica posibles obstáculos

Toma en cuenta los desafíos o barreras que podrían surgir en el camino hacia tu objetivo. Pueden ser limitaciones personales, falta de recursos, resistencia al cambio u otros factores externos.

Una vez que identifique los obstáculos, piensa en posibles soluciones o estrategias para superarlos.

Muchas veces, en lugar de preguntarte el cómo lo resuelves, pregúntate quién me puede ayudar a resolverlo. Dan Sullivan, uno los coach personales más famosos del mundo, señala su libro "Quién, no cómo" que el "cómo lo hago" es un camino largo y frustrante, poco productivo, y al final termina siendo infinitamente más costoso que preguntarse "quién me ayuda a resolverlo" un camino corto, pasas a la acción de inmediato, productivo y grato. También te recomiendo la lectura de este excelente libro.

4. Asigna plazos

Establece fechas límite realistas para completar cada paso. Te sugiero dividir el tiempo en etapas: si tu objetivo es a largo plazo, divide el tiempo en etapas más pequeñas para medir tu progreso y ajustar tu plan según sea necesario.

5. Evalúa tu avance

Revisa tus avances regularmente y evalúa qué está funcionando y qué no, observa tus logros y piensa en los desafíos que has enfrentado. Si ves que algo no funciona según lo planeado, sé flexible y reajusta tu plan, ya sea modificando tus pasos, cambiando estrategias o incluso redefiniendo tu objetivo si es conveniente.

> "SI OYES UNA VOZ EN TU INTERIOR QUE DICE: 'NO PUEDES PINTAR', PINTA POR TODOS LOS MEDIOS Y **ESA VOZ SERÁ SILENCIADA**" VINCENT VAN GOGH

"EL PODER DEL AHORA"

"El poder del ahora" es un libro interesantísimo del que aprendí varias lecciones que deseo darte a conocer en estas páginas. Escrito por Eckhart Tolle, el libro se centra en la importancia de vivir en el presente y liberarse de la influencia del pasado y las preocupaciones del futuro para alcanzar una mayor plenitud interior.

Allí, Tolle nos invita a reconocer que la mayoría de las preocupaciones y sufrimientos se originan en nuestros pensamientos y en nuestra identificación con ellos, para lo que propone la práctica de la presencia consciente, aprender a estar plenamente presentes en el momento actual y observar nuestros pensamientos sin identificarnos con ellos.

Ser como una especie de espectador. Algo así como cuando vas a un juego de pelota, beisbol o futbol, por ejemplo, pero no eres fanático de ninguno de los dos equipos, eres espectador, ves, observas, disfrutas las jugadas, no eres ni fanático, y no eres jugador... ¡Cero estrés!

La práctica de la presencia consciente, tal y como se aborda en "El poder del ahora", implica dirigir nuestra atención y conciencia hacia la experiencia directa del momento presente, sin juzgar ni evaluar lo que está sucediendo.

Estar plenamente presentes significa prestar atención consciente a nuestras sensaciones físicas, emociones, pensamientos y el entorno que nos rodea, sin dejarnos llevar por ellos ni identificarnos por completo con ellos. En lugar de ser atrapados en una espiral de pensamientos o preocupaciones, nos mantenemos conscientes y alertas en el presente.

> EN LUGAR DE DEJARNOS LLEVAR POR EL CONTENIDO DE NUESTROS PENSAMIENTOS Y CREER QUE SON UNA REPRESENTACIÓN PRECISA DE LA REALIDAD, **LOS OBSERVAMOS DE MANERA OBJETIVA** Y LOS DEJAMOS PASAR SIN AFERRARNOS A ELLOS.

Al practicar la presencia consciente y la observación de pensamientos, desarrollamos una mayor conciencia de nosotros mismos y del momento presente, reducimos el estrés, la ansiedad y el sufrimiento asociados con los pensamientos y preocupaciones constantes sobre lo que pasó o lo que podría pasar, lo que finalmente nos lleva a una mentalidad positiva.

Vivir en el ahora es triunfar sobre nuestros dos enemigos internos, el pasado y el futuro.

De este maravilloso libro hay una parte que me llamó la atención, que es donde dice que te imagines el tamaño del cerebro, una pequeña porción de tu cuerpo y cuánta atención le prestas. Vive en el ahora y no permitas esas trampitas que te juega esa miniatura de la mente para que pierdas el foco del aquí y ahora.

VIRA | PARA TOMAR CONSCIENCIA DEL AHORA

Te sugiero a continuación un ejercicio práctico tomado del libro "El poder del ahora", de Eckhart Tolle, para **entrenar tu mente y estar plenamente presente** en el hoy, cultivando la conciencia y la observación sin juicio.

- Encuentra un momento tranquilo y sin interrupciones, donde te sientas cómodo y relajado.

- Cierra los ojos y presta atención al flujo de tu respiración. Observa cómo el aire entra y sale de tu cuerpo, centrándote en las sensaciones físicas de la respiración.

- A medida que respiras, concéntrate en todas las sensaciones de tu cuerpo: las físicas, como las manos, los pies, el abdomen o el rostro. Siente la temperatura, las pulsaciones, las tensiones o cualquier otra sensación que puedas percibir.

- A la vez que te enfocas en las sensaciones físicas, también dirige tu atención hacia tu entorno. Observa los sonidos, los olores, las texturas o cualquier otro estímulo presente en tu entorno inmediato. Permítete estar presente con todos estos aspectos sensoriales sin juzgarlos ni etiquetarlos.

A medida que sigues practicando la observación de las sensaciones físicas y de tu entorno, es posible que surjan pensamientos en tu mente. Observa estos pensamientos sin identificarte con ellos. Permíteles pasar como nubes, sin aferrarte a ninguno en particular. Vuelve tu atención nuevamente a las sensaciones físicas y al entorno.

Continúa con este ejercicio durante unos minutos, manteniendo tu atención en el presente, en las sensaciones físicas, en el entorno y observando los pensamientos sin identificarte con ellos.

HACIA UN ENFOQUE CONSTRUCTIVO

Todos experimentamos situaciones en las cuales nos sentimos abrumados, estresados o negativos. Sin embargo, tenemos el poder de virar nuestra perspectiva y de cultivar una mentalidad constructiva hacia la vida. Para lograr esto, te invito a explorar algunas otras acciones prácticas para fomentar una mente positiva:

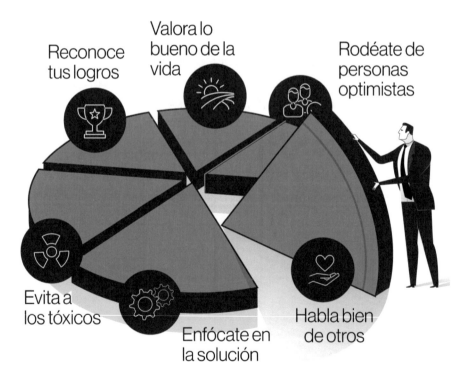

Reconoce tus logros pasados

Al pasar revista a capacidades y logros pasados, desafiamos las creencias negativas que nos autolimitan, teniendo en mano la evidencia de que somos capaces de superar crisis y obstáculos.

Además, al reflexionar sobre nuestras habilidades desarrolladas a lo largo del tiempo, advertimos nuestro crecimiento personal y la capacidad de aprendizaje.

Aprecia lo bueno de la vida

Así cambiarás el enfoque de las dificultades hacia las bendiciones y aumentarás tu sentido de bienestar. Por poner un caso, si aprecias tener una familia cariñosa, tu mente se llenará de pensamientos positivos y te sentirás más feliz y satisfecho. Te sugiero llevar un diario de gratitud en el que escribas cada día tres cosas por las que estás agradecido.

Rodéate de personas optimistas

El entorno en el que te encuentras influye en tu mentalidad y en tu capacidad para mantener el pensamiento positivo. Por eso ¡siempre! busca estar rodeado de personas positivas, motivadoras y que te impulsen a crecer.

Evita a los tóxicos

Por otro lado, evita a aquellos que constantemente transmiten negatividad y te arrastran hacia abajo. Así que elige sabiamente tu círculo cercano.

Enfócate en la solución en lugar del problema

Cuando te halles ante un obstáculo, crisis o dificultad, en lugar de quedarte atascado en la negatividad, enfócate en buscar soluciones. Pregúntate: "¿Qué puedo hacer para superar esto?" o "¿cuáles son las posibles soluciones?". En su libro "Si lo crees, lo creas", Brian Tracy pone el dedo en la llaga al insistir en la importancia de reinterpretar los problemas y dificultades como oportunidades para crecer y aprender.

> **ENFOCARTE EN ENCONTRAR RESPUESTAS TE PERMITE MANTENERTE ACTIVO Y HALLAR ALTERNATIVAS QUE TE ACERQUEN AL ÉXITO.**

Habla positivamente de terceros

Cuando converses sobre otras personas, exprésate con las mejores palabras posibles, evita el chisme, la crítica y el comentario negativo. En su lugar, elogia las cualidades y logros, lo que no solo te hará sentir bien contigo mismo, sino que también fortalecerá tus relaciones. Conviértete en un imán para las cosas buenas.

VIRA | CUIDA TU SALUD

Seguro me has visto en las redes publicando contenido donde salgo ejercitándome en casa porque sé **la importancia de cuidar la salud física** para tener la fuerza de seguir adelante.

Haz **actividades que te brinden bienestar emocional,** como practicar meditación, leer libros inspiradores o participar en hobbies que te quiten el estrés de encima.

SER TÚ MISMO EN EL METODO VIRA

Ser líder es ser tú mismo, es ser auténtico. En la diferencia podemos ser únicos y los mejores. Por eso es clave que encuentres aquello para lo cual naciste, tu talento, tu vocación, tu pasión, aquello que te llena de ánimo, de entusiasmo, que disfrutas cuando lo haces.

Debes responderte las siguientes preguntas:

1. ¿Cuál es tu **MISIÓN**? encontrar el por qué estás aquí, ese es tu propósito.
2. ¿Cuál es tu **VISIÓN**? Allí está el qué queremos.
3. ¿Cuál es la **ESTRATEGIA**? Ese es el plan, allí tienes el cómo lo voy a implementar.

> "NADIE PUEDE COMPETIR CONTIGO EN **SER TÚ MISMO**", EL ALMANAQUE DE NAVAL RAVIKANT, UN LIBRO FABULOSO LLENO DE SABIDURÍA.

¿Qué quieres que se diga en tu funeral? Responde con sinceridad y pensarás en el sentido de tu vida. Estoy seguro de que la respuesta te anunciará algo que quizás no habías descubierto: tu mayor potencial para impactar.

Si estás de acuerdo, entonces te has visualizado, has encontrado tu misión en el **POR QUÉ** y tu visión en el **QUÉ**, y te toca construir tu estrategia. Pasa al **CÓMO**, haz tu plan y ponte en acción.

Los líderes tienen que ser prácticos, saben muy bien que la visión sin acción no vale absolutamente nada...

Y en la acción hay que implementar la REGLA DE TRES que te la explicaré en el capítulo ERES TU PROPIO JEFE: LIDÉRATE.

HENRIQUE FERNANDO SALAS-ROMER

SER + HACER + TENER

CÓMO LA INTEGRACIÓN DE QUIÉN ERES (SER), LO QUE HACES (HACER) Y LO QUE LOGRAS O TIENES (TENER), TE PERMITIRÁ **LIDERAR CON AUTENTICIDAD** Y LOGRAR RESULTADOS SIGNIFICATIVOS.

TEST ✓
DESCUBRE TU SER, HACER Y TENER: TEST DE AUTOCONOCIMIENTO

Responde este test para descubrir quién eres, en quién te quieres convertir y qué estás dispuesto(a) a hacer para lograrlo:

¿QUIÉN ERES EN ESTOS MOMENTOS?

Reflexiona sobre cómo te percibes hoy a ti mismo. ¿Cuál es tu visión de quién eres como persona? Esta visión está influenciada por diferentes aspectos de tu vida, evalúa si se acerca a la realidad y si refleja tus verdaderas habilidades, fortalezas, aptitudes y oportunidades.

¿EN QUIÉN QUIERES CONVERTIRTE PARA CONSEGUIR LO QUE QUIERES?

Piensa en quién deseas ser para lograr tus aspiraciones. Enfócate en quién eres como persona en lugar de lo que posees. El auténtico cambio proviene de tu ser interior, así que evita basar tu identidad en posesiones materiales, ya que esto limitará tu satisfacción y felicidad.

¿ESTÁS DISPUESTO A COMPROMETERTE CON EL PROCESO DE TRANSFORMACIÓN?

Evalúa tu nivel de compromiso para convertirte en la persona que deseas ser. Los compromisos son diferentes a las metas, ya que implican un cambio profundo en tu ser. Así, puedes comprometerte a priorizar el tiempo con tu familia en lugar de enfocarte siempre en el trabajo. Un compromiso demanda una decisión firme y la disposición de seguir el camino elegido, sin importar los resultados inmediatos.

Cuando te comprometes de manera definitiva, el universo se alinea para ayudarte en tu camino. Además, cumplir con tus compromisos eleva la autoestima y te permite confiar en ti mismo.

Ahora, reflexiona sobre los compromisos en los que estás dispuesto a comprometerte en este momento y anótalos. ¡Y enhorabuena por iniciar este proceso de descubrimiento y transformación!

La alineación Ser + Hacer + Tener es vital para que nuestra vida fluya. Nos complicamos cuando hacemos lo que no somos y dificultamos producir resultados. Pero cuando hacemos lo que somos, nuestro liderazgo estalla en logros

La Madre Teresa de Calcuta fue reconocida con el Premio Nobel de la Paz en 1979 y el Bharat Ratna, que es el premio más prestigioso de la India. ¿Por qué? Porque se dedicó en cuerpo y alma a cuidar a los pobres, enfermos y huérfanos a través de su congregación de las Misioneras de la Caridad. Y no solo en Calcuta, sino en un montón de países más.

La célebre religiosa se enfocaba en el hacer, pero no de cualquier manera: su hacer estaba alineado con sus valores internos, como la solidaridad y la devoción. Ella ponía todo su ser en cada acción que realizaba. No solo se quedaba en palabras bonitas, sino que actuaba. Su esencia, su verdadero ser, era lo que la impulsaba a hacer tanto bien en el mundo.

De esa alineación entre el Ser, el Hacer y el Tener quiero hablarte en este capítulo, y cómo la armonía entre los elementos de esta triada es fundamental para crear y desarrollar habilidades de liderazgo:

SOLO CUANDO **ESTAS TRES DIMENSIONES ESTÁN EN ARMONÍA**, PODEMOS ALCANZAR NUESTRO PLENO POTENCIAL COMO LÍDERES Y MARCAR UNA DIFERENCIA SIGNIFICATIVA EN EL MUNDO.

Como un árbol que se levanta en medio del bosque, arraigado en sus valores, extendiendo sus ramas hacia el cielo y dando frutos que nutren a otros, como líderes necesitamos reconocer nuestra esencia, emprender acciones consistentes con nuestros valores y utilizar nuestros logros para el beneficio de quienes nos rodean.

SER: LO QUE SOMOS

Para seguir con la metáfora del árbol, el ser radica en sus raíces profundamente arraigadas en la tierra, que representan nuestros valores fundamentales y nuestra identidad. Estos valores son como los nutrientes que nutren el árbol, brindándole fortaleza y sustento.

> SIN UNA **BASE SÓLIDA DE VALORES** ARRAIGADOS EN NUESTRO SER, NUESTRAS ACCIONES CARECERÁN DE AUTENTICIDAD Y DIRECCIÓN.

Si nos conectamos con esos aspectos, descubriremos quiénes somos realmente. Estoy de acuerdo entonces con lo que afirma Sergio Fernández en su libro "Vivir de la abundancia": "Primero eres un tipo de persona, después empiezas a vivir y a hacer cada pequeña acción de tu vida desde esa esencia y la consecuencia de esto será que el resultado terminará por aparecer".

En esta obra el autor plantea diez leyes para conquistar tus sueños, así como las treinta claves prácticas para incorporarlas, por lo que te recomiendo su lectura.

Pero la sociedad siempre nos empuja a enfocarnos en el hacer y el tener. Nos dicen que necesitamos recursos para sobrevivir, comprar cosas y acceder a servicios. Incluso nos valoran en base a eso. "Menganito es el nuevo gerente de la compañía" o "Zutanito es increíble, tiene un apartamento grande, un carro último modelo y una casa en la playa". Como si la persona se redujera a su posición laboral o a las cosas que posee.

ES **EN NUESTRO SER DONDE ENCONTRAREMOS LA BASE** PARA CONSTRUIR NUESTRO CAMINO HACIA EL ÉXITO.

Como cuando se va a comprar una casa, nadie lo hace solo por su fachada: hay que entrar, recorrer las habitaciones y verificar qué servicios tiene. Lo mismo sucede con los seguidores de un líder: no se comprometen con él hasta que lo conocen a fondo. Y para eso, el líder tiene que mostrarse tal como es.

Algunos dudan de que un presidente de una gran corporación pueda sentir que no merece el éxito o que carece de un propósito de vida. Es que lo ven desde lo que hace (un alto cargo) y lo que tiene (una fortuna cuantiosa), y no desde su verdadero ser.

Al fin y al cabo, es un ser humano, como todos nosotros. También puede sufrir de inseguridades, miedos, dolores emocionales y tener creencias limitantes. Cuando nos enfocamos en el hacer y el tener, perdemos de vista lo que realmente somos, el significado que tenemos y cuál es nuestro auténtico papel en el mundo.

El líder debe convertirse en un modelo a seguir, motivar e impulsar al equipo, y transmitir la idea de que todos estamos en la misma sintonía y debemos avanzar juntos. Si los seguidores perciben que el líder carece de honestidad, se genera un desorden en toda la organización. "Si mi líder es un corrupto, por qué yo no", se dirán algunos para justificar su maleable moral.

Así que no descuidemos nuestra esencia. Debemos invertir tiempo y energía en descubrir qué tipo de líder queremos ser. No se trata solo de hacer cosas y acumular logros materiales, sino de conectarnos con nuestros valores más profundos, nuestras creencias y nuestro propósito personal.

PARA FORTALECER TU SER

- **Practica la escucha activa:** enfócate en realmente comprender el punto de vista de los demás sin interrumpir o saltar a la defensiva.

- **Reflexiona antes de responder:** tómate un momento para respirar y pensar antes de reaccionar defensivamente. Considera diferentes perspectivas y busca soluciones en lugar de defender tu posición.

- **Reconoce tus limitaciones:** acepta que no puedes hacerlo todo por ti mismo y que pedir ayuda no es una debilidad, sino una muestra de sabiduría.

- **Practica la delegación:** delega tareas en tu equipo y confía en su capacidad para realizarlas. Esto te librará de la carga excesiva de trabajo y fomentará el crecimiento y desarrollo de los demás.

- **Promueve la diversidad:** busca candidatos con diferentes perspectivas y experiencias para enriquecer el equipo.

- **Practica la gratitud diaria:** toma un momento cada día para expresar tu agradecimiento hacia los miembros de tu equipo y reconocer su trabajo.

- **Destaca los logros de los demás:** publica notas de reconocimiento, organiza reuniones de reconocimiento o utiliza otros medios para resaltar los logros individuales y colectivos.

- **Promueve la colaboración y el trabajo en equipo:** establece canales de comunicación abiertos, fomenta la participación de todos en las decisiones y valora la diversidad de opiniones.

- **Practica la autorreflexión:** dedica tiempo regularmente para conectarte contigo mismo y evaluar tus valores, metas y propósito en la vida.

- **Solicita activamente el feedback:** pide a tus colaboradores, superiores y colegas que te brinden comentarios constructivos sobre tu desempeño y áreas de mejora.

- **Escucha sin defensas:** acepta el feedback de manera abierta y agradece a quienes te lo brindan, incluso si resulta incómodo.

Si quieres que los que están a tu cargo den lo mejor de sí, como líder debes examinarte a ti mismo y descubrir cómo puedes desplegar tu propio potencial como líder. Pero antes de ponerte en acción, tienes que darte cuenta de que esto no es un elemento externo, sino un compuesto interno que surge de tu ser y que se manifiesta en lo que haces y, como siguiente eslabón de esta cadena, en los resultados.

Para ayudarte en ese propósito, te invito a rellenar la siguiente tabla para planificar tu desarrollo personal. Se divide en tres columnas: "Estado actual", "Cambios" y "Estado deseado".

ESTADO ACTUAL	CAMBIOS NECESARIOS	ESTADO DESEADO

Estado actual: en esta columna describe honestamente tus atributos personales, enumerando tus fortalezas, debilidades, habilidades y cualquier otra característica relevante. Así tendrás una visión clara de dónde te encuentras en términos de tus atributos personales.

Cambios necesarios: en la segunda columna, identifica los cambios necesarios para mejorar. Piensa aquí en las áreas en las que quieres crecer, las habilidades que deseas adquirir o mejorar y cualquier otra transformación que consideres relevante.

Estado deseado: en la tercera columna, describe los atributos personales a los que aspiras y que te gustaría tener en el futuro. Visualiza cómo te gustaría ser como persona, qué habilidades te gustaría poseer y cómo te gustaría que los demás te perciban.

La utilidad de esta tabla radica en que proporciona una estructura clara para establecer metas específicas, identificando las brechas entre tu estado actual y tu estado deseado, y te brinda una hoja de ruta para realizar los cambios necesarios.

Inspirar y dar un propósito

¿Es el dinero la única forma de motivar a los miembros de una organización o colectivo? ¡Nada que ver!

Mira a Martin Luther King: él no buscaba persuadir a la gente ofreciéndoles bonificaciones o compensaciones. Ese enfoque solo atrae a quienes están ansiosos por obtener recompensas. Si se agota o se reduce esa gratificación, aquellos que te siguen te abandonarán en un abrir y cerrar de ojos. Entonces no es liderazgo.

Hoy en día, a las nuevas generaciones no las motiva tanto el dinero, sino el propósito. Conozco empresas de tecnología en las que su personal renuncia a pesar de recibir ofertas mínimamente mejores de otras compañías.

¿Por qué estos jóvenes cambian de trabajo tan fácilmente? No es porque pertenezcan, como algunos dicen, a una generación sin compromiso. La alta rotación revela un problema de inspiración y un modelo de gestión obsoleto que no logra transmitir el valor que la organización ofrece y cómo cambiar la vida de las personas.

Algunos jefes, ya sea por falta de información o por comodidad, no se preocupan por inspirar y se escudan en frases cliché como "no puedo motivar a nadie, las personas se motivan por sí mismas", como si el ambiente organizacional se basará únicamente en la motivación.

La gente se conecta cuando puede marcar la diferencia. El propósito inspira a partir de esa perspectiva: cómo y por qué servir desde nuestros valores. Ya sea fabricar zapatos de calidad o combatir el hambre en el mundo. Ese es el propósito en acción.

VIRA | MÍRATE CON DETALLE

Uno de los desafíos para los líderes es reconocer las diversas formas en las que limitan su potencial y perjudican tanto a ellos mismos como a la organización en general.

Es importante preguntarse:

- **¿Cuánto me conozco** realmente para identificar mis debilidades y cómo puedo compensarlas?
- ¿De qué manera **me boicoteo** a mí mismo?
- ¿Cómo puedo **ayudar a los demás** a crecer junto a mí en beneficio de la organización e individualmente?

Cuando nos enfrentamos con nosotros mismos y **reconocemos quiénes somos** en realidad, con todas nuestras luces y sombras, nos volvemos más fuertes.

Te invito a participar en este ejercicio introspectivo para tomar conciencia de ciertas posturas y elegir aquellas alineadas a tus objetivos personales y los de la organización o colectivo que lideras.

HACER: ACTIVIDAD DESEMPEÑADA A PARTIR DEL SER

Siempre he sido desprendido de lo material, valor que se remonta a mi infancia. En cada Navidad, nuestros padres nos animaban a que, de todos los regalos que recibíamos, eligiéramos uno. Luego, nos llevaban a lugares donde los niños no fueron tan afortunados, donde la Navidad podría haber pasado desapercibida sin regalos.

Lo curioso es que yo siempre optaba por dar el regalo que más valoraba, el mejor de todos, algo que mis hermanos no solían hacer. Y no es que me doliera separarme de él, al contrario, era una experiencia que disfrutaba mucho.

Esa actitud, creo yo, ha moldeado gran parte de quien soy hoy. Me llena de alegría ayudar a la gente, y generar empatía con los demás. Tal vez uno de los aspectos más gratificantes de ser gobernador fue la oportunidad de marcar una diferencia, tanto a nivel colectivo como individual. Ya sea con un proyecto de infraestructura o ayudando a alguien a obtener la atención médica que necesita, cada acción positiva me proporcionó una alegría indescriptible. Seguí siendo así, pero cuando era gobernador tenía la capacidad de ayudar a tantas más personas. Quizás eso fue lo que más amé de ese trabajo.

Y es que el hacer se asemeja a las ramas del árbol que se extienden hacia el cielo, cada una representando una acción concreta. Al igual que el árbol necesita ramas fuertes y equilibradas para alcanzar su pleno potencial, nosotros como líderes debemos emprender acciones coherentes y efectivas para lograr nuestros objetivos.

Estas acciones deben alinearse con nuestros valores, de modo que cada paso que demos refleje nuestra esencia y propósito.

> AL ENTENDER NUESTRO SER, PODEMOS PASAR AL SIGUIENTE PASO: EL HACER. EL HACER SE TRATA DE LA ACTIVIDAD QUE REALIZAMOS **A PARTIR DE LO QUE SOMOS.**

Como líderes, debemos tomar decisiones y guiar a nuestro equipo en concordancia con nuestro ser. Podemos inspirar, motivar y mostrar el camino a seguir. Es nuestra acción en la organización.

¿Liderar o gerenciar?

Liderar o gerenciar son conceptos diferentes, pero tienen relación. Aunque el gerente dirige, no necesariamente debe inspirar como el líder. Pero si también reúne esa cualidad, resulta genial para cualquier organización o proyecto.

LIDERAR Y GERENCIAR

LÍDER
Inspira
Motiva
Sirve de guía

GERENTE
Planifica
Organiza
Dirige
Administra recursos

Liderar resume la capacidad para influir sobre otras personas para que trabajen en equipo para el logro de un objetivo común. Un líder tiene que inspirar, motivar y servir de guía para que el grupo de trabajo empuje unido al logro de los objetivos.

Gerenciar se concentra en las tareas a cumplir, se refiere a la capacidad de planificar, organizar, dirigir y controlar los recursos de una organización para el logro de sus objetivos.

LIDERAR SE ENFOCA EN LAS PERSONAS, MIENTRAS QUE GERENCIAR SE CONCENTRA EN LOS PROCESOS Y EN LA ADMINISTRACIÓN DE LOS RECURSOS.

Mientras más alta es la responsabilidad del líder, más estará obligado a ver el futuro para anticiparse en sus decisiones. Estará más enfocado en el mediano y largo plazo. El gerente se concentra más en el corto plazo, en que se cumplan las actividades para lograr los objetivos cercanos. Ambos estilos son fundamentales y en algunos coinciden el líder y el gerente.

En el mundo de la gerencia, es crucial convertirse en un líder que sirva como ejemplo a seguir. Este factor tiene un impacto inmenso, ya que motiva a las personas a superarse a sí mismas. Cuando la gente se siente inspirada y sigue a un líder, lo acompaña a alcanzar cimas que nunca pensó sería capaz de pisar.

Quiero hablarte de algo curioso: el proceso de inspiración del líder es diferente al de sus seguidores. El líder primero encuentra el sueño, luego localiza a su equipo para lograr el objetivo. Los miembros del equipo o los seguidores primero encuentran al líder, este les habla de su sueño, los inspira y motiva, el sueño pasa a ser también de estos, se hace colectivo y entonces todos trabajan para lograrlo.

El objetivo es servir

Hay casos en los que un miembro de la junta directiva de una compañía desaloja a los empleados del ascensor para subir solo, como si eso reforzara la importancia de su cargo. O presidentes de naciones que son elegidos por su riqueza económica o las promesas que hacen.

> LIDERAZGO NO ES UNA POSICIÓN JERÁRQUICA O EL PODER QUE OTORGA ESE PUESTO, **LIDERAZGO ES INSPIRAR Y MOTIVAR**, LIDERAZGO ES SERVIR PARA QUE OTROS CREZCAN, ES EMPODERAR A LOS DEMÁS.

Reconocerse como un servidor se trata de actuar en función del bien común a través de las personas, enfocándose en potenciar las habilidades de los miembros de la organización, comprendiendo qué herramientas necesitan para realizar mejor su trabajo y consultándoles cómo puedes facilitarles el logro de sus objetivos.

Aquí te dejo algunas acciones concretas que pueden ayudarte a ser un líder que se reconoce como un servidor:

- **Valorar opiniones diversas:** escucha y considera las diferentes ideas y perspectivas de tu equipo. No te cierres a una sola forma de pensar.
- **Cultivar una cultura de confianza:** fomenta un ambiente en el que todos se sientan seguros de compartir sus ideas sin temor a represalias.

- **Desarrollar a otros líderes:** ayuda a tus colaboradores a crecer y desarrollar sus habilidades de liderazgo. Bríndales oportunidades de aprendizaje y mentoría.
- **Ayudar a personas con problemas de la vida:** sé empático y apoya a tus empleados en momentos difíciles. Demuéstrales que te preocupas por su bienestar más allá de su desempeño laboral.
- **Alentar y acompañar:** motiva a tu equipo y acompáñalo en su crecimiento y desarrollo. Celebra los logros de cada cual y brinda apoyo cuando enfrenten desafíos.
- **Obrar con humanidad:** trata a todos con respeto y consideración. Reconoce la dignidad y el valor de cada persona en tu equipo.

Estar presente

Fui gobernador a los 34 años. Ser líder electo por un pueblo es una gran responsabilidad y un honor incomparable. Me convertí en el padre de esa comunidad, y sabía que debía comportarme de una manera ejemplar para ganarme su confianza y respeto.

Cada día, me levantaba temprano para ir a la oficina del gobierno. Era crucial para mí llegar temprano. Durante largas horas trabajaba sin descanso, atendiendo asuntos gubernamentales, tomando decisiones y buscando soluciones para mejorar la calidad de vida de mis coterráneos.

Consciente de que mi tiempo no podía consumirse en una oficina, comprendía que ser un buen gerente y líder requería más que eso. Necesitaba estar presente en cada rincón de mi territorio. Así que me aseguré de recorrer todas las calles, urbanizaciones, barrios y pueblos de mi estado.

> ERA UN EQUILIBRIO DELICADO, PERO CRUCIAL. COMO LÍDER, DEBÍA GESTIONAR EFICIENTEMENTE EL GOBIERNO Y VELAR POR LOS INTERESES DE MI PUEBLO. PERO TAMBIÉN **TENÍA QUE SER ACCESIBLE Y CERCANO** A CADA HABITANTE DE MI JURISDICCIÓN.

Quería que todos sintieran mi presencia, que supieran que estaba ahí para escuchar y responder a sus necesidades.

Recorrer las oficinas gubernamentales me permitía supervisar el funcionamiento de cada departamento, estar al tanto de los proyectos en curso y asegurarme de que se cumplieran las metas establecidas. Pero también me daba la oportunidad de conocer de cerca a los empleados, escuchar sus inquietudes y motivarlos a dar lo mejor de sí.

Sin embargo, no podía limitarme a las oficinas. Caminar por las calles y por los diferentes vecindarios me permitía conectar cara a cara con la gente. Escuchaba sus preocupaciones, tomaba nota de sus necesidades y buscaba soluciones viables. Quería que cada persona sintiera que su voz era escuchada y que tenía un líder dispuesto a luchar por su bienestar.

Un líder debe comportarse como un buen padre de familia, aunque sin caer en paternalismos. Debe dar el ejemplo al llegar temprano a la oficina y ser el último en irse. Todo el mundo debe sentir que el líder está presente.

Y algo que debe quedar claro es que un líder solo jamás puede cumplir con tantas tareas y responsabilidades. Escoger el mejor equipo de trabajo posible es vital. Gente que en muchos casos es mucho mejor que tú en determinadas áreas de especialización.

Los buenos líderes se enfocan en escoger, inspirar y motivar al equipo de trabajo, y unido a su equipo transforma y logra hacer realidad los objetivos planteados.

Reconozco que el equipo de trabajo que me acompañó era digno del mayor de los orgullos que cualquier líder en el mundo puede tener. No solo porque se trató de un equipo de extraordinarios profesionales, sino que también por sólidos principios y valores que nos permitieron ser electos y reelectos varias veces.

Recuerdo que teníamos una consigna que caló mucho entre los habitantes del estado: "Lo que pensamos, lo decimos y lo que decimos lo hacemos." Gran confianza existió y por ello tuvimos el respaldo de las grandes mayorías.

Lider es servir a los demás.

No hay nada más distantes a este concepto que el egocentrismo y el culto a la personalidad. Quienes actúan así se enfocan en el hacer y el tener, por eso piensan que su posición o las cosas materiales que tienen definen quiénes son. Este pensamiento distorsiona el verdadero objetivo del poder y lleva a actuar en función del líder como individuo, en lugar de enfocarse en el rol que desempeña.

Brindar soluciones efectivas

A manera de ejemplo, en Valencia, la capital de mi estado, existe una comunidad que se llama José Leonardo Chirinos, ubicada en la zona sur de la ciudad, cerca de la desembocadura del río Cabriales. En épocas de invierno el poblado se inundaba y, con el paso de los años, creció y creció hasta convertirse en una comunidad de no menos de 20.000 personas.

Los ingenieros me aconsejaron que debíamos desalojar esa zona. Sin embargo, consciente de que en ingeniería casi todo es posible, decidí pedirles localizar a los mejores ingenieros de mi país.

Hubo mucha presión y amenazas. La oposición política a mi gobierno me amenazó con iniciar acciones legales en mi contra si no tomaba medidas drásticas para desalojarlos. Pero decidí que salvaría a esta comunidad y no permitiría su traslado. Tuve un soporte muy sólido de los ingenieros que me acompañaron.

También hubo demandas legales y acusaciones políticas, sin embargo decidí avanzar junto con mi equipo de trabajo. Fuimos en busca de los mejores ingenieros de Venezuela, buscando hasta encontrar una solución. Y hoy en día, puedo decir con orgullo que fue un gran éxito social y político.

Recuerdo muchos casos como este, en donde la experticia profesional del equipo que me acompañaba, nuestro compromiso e intuición fueron la clave de grandes mejoras en la calidad de vida de nuestra gente.

ASÍ QUE ES DECISIVO PARA UN LÍDER **ENCONTRAR SOLUCIONES EFECTIVAS**. A PARTIR DE UN EJEMPLO, PODEMOS ENTENDER CÓMO AFRONTAR PROBLEMAS Y CONFLICTOS.

Hechos y no palabras. Así gobernamos con la recuperación de hospitales, servicios de ambulancia, las escuelas de la excelencia, las viviendas para la clase media, el fomento del deporte, la recuperación de autopistas, carreteras urbanas y vías rurales, la generación de empleo, el turismo, la entrega de microcréditos, construcción de avenidas, seguridad, patrulleros de carretera y mucho más...

VIRA | APRENDE DE OTROS LÍDERES

Aprende de líderes exitosos. Identifica las habilidades que los hacen efectivos y trata de aplicarlas, en tu estilo de liderazgo.

- **Escucha tu intuición**

Lee Iacocca fue un líder que triunfó al dejarse llevar por la intuición. En la década de 1980, Chrysler se enfrentaba a graves problemas financieros y estaba al borde de la quiebra. En ese momento, Iacocca confió en su intuición y adoptó medidas audaces para salvar a la empresa.

Una de las decisiones clave fue lanzar el Dodge Caravan y el Plymouth Voyager, los primeros vehículos de la categoría de las minivans que tuvieron éxito en el mercado. Esto revitalizó a Chrysler como líder del mercado automotriz.

Se convirtió en el ejecutivo mejor pagado de América, publicó una autobiografía que permaneció en la lista de bestsellers del New York Times por 88 semanas consecutivas y fue clasificado como la tercera persona más admirada del país según una encuesta Gallup de 1985, justo después del presidente Ronald Reagan y del papa Juan Pablo II.

Cuando se enfrentan a situaciones nuevas o imprevistas, los líderes pueden confiar en su intuición para obtener una comprensión rápida de la situación y tomar medidas adecuadas.

Además, la intuición permite identificar oportunidades que pueden pasar desapercibidas para otros.

Steve Jobs, el cofundador de Apple, fue conocido por su intuición para identificar las necesidades y deseos de los consumidores, lo que llevó al éxito de productos innovadores como el iPod y el iPhone.

VIRA | PARA CULTIVAR LA INTUICIÓN

Primero, es esencial escuchar y **confiar en la voz interior**, es decir, estar en sintonía con las emociones y sensaciones internas, y prestar atención a las corazonadas que surgen durante la toma de decisiones. Algunos autores llaman a la intuición el "impulso bendecido". Es esa voz que de pronto te muestra el camino.

Además, **la práctica de la meditación** favorece la intuición. Tómate un tiempo para cultivar la introspección.

Asimismo, la **exposición a diferentes ideas** y experiencias amplía el panorama mental y enriquece la intuición. Para ello, es clave fomentar un entorno inclusivo donde se valoren y escuchen diferentes voces que nutran la intuición colectiva y mejoren la toma de decisiones en equipo.

TENER: RESULTADOS DEL SER Y EL HACER

Pero no se trata solo de hacer cosas sin rumbo. Necesitamos tener claridad sobre lo que queremos lograr. Aquí es donde entra el tener. El tener se refiere a los resultados que obtenemos a partir de nuestras acciones.

> EL TENER SIMBOLIZA LOS FRUTOS DEL ÁRBOL: LOS **LOGROS Y RESULTADOS TANGIBLES** QUE OBTENEMOS COMO CONSECUENCIA DE NUESTRAS ACCIONES.

Al igual que un árbol da frutos que benefician a otros, como líderes, nuestros éxitos deben ser compartidos y utilizados para el bienestar de aquellos a quienes lideramos. Los logros materiales, como el reconocimiento y las recompensas, son importantes, pero es aun más valioso tener un impacto positivo en las vidas de las personas que nos rodean.

Supón que eres el líder de un equipo de fútbol y tienes la meta de ganar el campeonato. Eso es lo que quieres lograr, ¿verdad? Para alcanzar ese objetivo, necesitas tomar acciones concretas, como de las que te hablé en el Hacer. Entonces, comienzas a entrenar duro, mejoras las habilidades de tus jugadores, trabajas en tácticas y estrategias para los partidos.

A medida que avanza la temporada del juego, comienzas a ver el resultado de tus acciones. Tu equipo empieza a ganar partidos, mejora su rendimiento, se cohesiona y juega como una unidad. Estos resultados, como ganar partidos, subir en la tabla de posiciones o incluso llegar a la final del campeonato, son los frutos de tu labor como líder. Esos logros son el "tener" en este contexto.

Pero aquí viene lo importante: el "tener" no se trata solo de ganar partidos o lograr resultados numéricos. También se trata de cómo tu equipo se desarrolla como individuos y como grupo.

Si a lo largo del camino tus jugadores mejoran sus habilidades, adquieren confianza en sí mismos, aprenden a trabajar en equipo y desarrollan una mentalidad ganadora, eso también es parte del "tener". Esos logros, más allá del resultado, son igualmente valiosos.

Entonces, el tener no se trata solo de acumular victorias o números en una tabla. Se trata de los resultados tangibles e intangibles que se obtienen a partir de tus acciones como líder. Así, podemos cosechar los frutos de nuestro trabajo y disfrutar de los logros y el éxito de la organización.

Apostar por el bien común

Estamos todos en un mismo barco: los pasajeros y la tripulación. Si aspiramos a llegar a un puerto seguro, todos debemos trabajar juntos y beneficiarnos de ello. Ese es el bien común: el propósito de hacer algo beneficioso para todos los involucrados.

Pero, en ocasiones, algunas organizaciones no entienden esto y se centran en obtener beneficios para una parte en particular, como algunos sindicatos que piden muchas cosas y terminan afectando la calidad del servicio que se ofrece. En esos casos, la organización se olvida de su propósito y del bien común, y solo busca beneficios para un grupo.

VIRA | EVALÚA TU TENER

Te invito en este ejercicio a evaluar el hacer en el ámbito del liderazgo.

Haz una lista de las acciones clave que hayas ejecutado como líder en un proyecto. Por ejemplo, si lideraste un equipo de un evento, incluye acciones como planificar las tareas, asignar responsabilidades, comunicarte con el equipo y coordinar con proveedores.

Junto a cada acción, **evalúa su efectividad y resultados.** Emplea una escala del 1 al 5, donde 1 significa que la acción fue poco efectiva y 5 que fue altamente efectiva. Por ejemplo, si asignar responsabilidades resulta en un equipo cumpliendo con sus tareas, podría recibir una calificación alta.

Piensa en los resultados obtenidos a partir de esas acciones. ¿Lograste los objetivos que te propusiste? ¿Obtuviste los resultados esperados? Anota tus resultados junto a cada acción evaluada.

Identifica patrones en tus evaluaciones. ¿Hay acciones que obtuvieron altas calificaciones y se tradujeron en buenos resultados? ¿Hay acciones que obtuvieron bajas calificaciones y se reflejaron en resultados insatisfactorios?

Con base en tus evaluaciones, **identifica las acciones que fueron más efectivas** y que contribuyeron significativamente a los resultados positivos. Estas son tus fortalezas como líder.

Del mismo modo, **identifica las acciones que fueron menos efectivas** y que podrían haber afectado los resultados. Estas son áreas de mejora en las que puedes trabajar.

Con base en tus fortalezas y áreas de mejora, **establece metas para mejorar tus habilidades** y enfoques de liderazgo. Por ejemplo, si la comunicación con el equipo recibió una calificación baja, podrías establecer una meta para mejorar tus habilidades de comunicación y establecer canales de comunicación más efectivos.

Toma decisiones concretas para alcanzar tus metas. Por ejemplo, podrías inscribirte en un curso de comunicación, practicar técnicas de comunicación efectiva o buscar oportunidades para mejorar tus habilidades de liderazgo.

A medida que implementes estas mejoras, **continúa evaluando y ajustando tus acciones.** Observa cómo tus cambios impactan tus resultados y haz los ajustes necesarios en tu enfoque de liderazgo.

HENRIQUE FERNANDO SALAS-ROMER

POTENCIA TU INTELIGENCIA
EMOCIONAL

UN LÍDER CON ALTA INTELIGENCIA EMOCIONAL TENDRÁ MÁS CAPACIDAD PARA **INFLUIR Y DIRIGIR A SU EQUIPO**, AL COMPRENDER Y REGULAR TANTO SUS EMOCIONES COMO LAS DE LOS DEMÁS.

TEST ✓
INTELIGENCIA EMOCIONAL

Existen test para saber en que nivel está tu inteligencia emocional. Te recomiendo que en tu buscador coloques Test de Inteligencia Emocional de Daniel Goleman. No obstante, acá te traigo uno de mi propia hechura adaptado al día a día de un líder de equipo:

1. Uno de tus subordinados comete un error grave. Tú:

a) Lo llamas para conversar en privado y le señalas firmemente su error.

b) Le indica su error frente al grupo, pero sin humillarlo.

c) Analizas con él a solas cómo puede mejorar, sin juzgarlo.

2. Tu equipo no logra cumplir una meta importante. Tú:

a) Les comunicas tu desengaño, pero les das una segunda oportunidad.

b) No dices nada, pero quedas molesto con su desempeño.

c) Haces una autocrítica sobre cómo dirigiste al equipo en este objetivo.

3. Detectas que la motivación de tu equipo está baja. Tú:

a) Les recuerdas sus responsabilidades y les exige mayor compromiso.

b) Sigue adelante confiando en que la motivación mejorará.

c) Indagas sutilmente las causas y buscas incentivarlos mejor.

4. Tienes diferencias importantes con un miembro de tu equipo. Tú:

a) Limitas tu interacción con él al mínimo indispensable.

b) No pasa nada y evitas el tema.

c) Propicias un diálogo franco para ventilar los problemas.

5. Tu jefe te pide hacer algo que consideres antiético. Tú:

a) Lo confrontas directamente sobre sus motivos.

b) Lo haces pero protestas y deja ver tu desacuerdo.

c) Le plantean preocupaciones y alternativas para cumplir éticamente.

6. Debes comunicar una mala noticia al equipo. Tú:

a) Se las das de golpe argumentando que es por su bien.

b) Se las comunicas con tacto, pero sin darles mucho contexto.

c) Les explica la situación con empatía y apoyándolos en el proceso.

7. Tu equipo está pasando por mucho estrés. Tú:

a) Les dices que deben ser profesionales y trabajar bajo presión.

b) Reconoces el estrés pero tomas pocas acciones al respecto.

c) Implementas actividades para mejorar su bienestar y desempeño.

8. Un colaborador tiene problemas personales que afectan su trabajo. Tú:

a) Le sugieres que debes dejar sus problemas fuera de trabajo.

b) Le preguntas qué le pasa y muestras interés en ayudarte.

c) Consideras que no debes inmiscuirte en sus asuntos personales.

Para identificar los resultados:

Las respuestas (a) denotan baja inteligencia emocional. Debes trabajar en el autocontrol, empatía y habilidades sociales.

Las respuestas (b) reflejan inteligencia emocional para mejorar. Debes desarrollar mayor motivación, asertividad y manejo de conflictos.

Las respuestas (c) muestran una alta inteligencia emocional, autoconocimiento, autorregulación y buenas habilidades de liderazgo.

¿Qué es la inteligencia emocional? Mucho se habla de ella, pero pocos conocen lo que es exactamente. Se trata de captar lo que sientes dentro de ti y lo que sientes en los demás, y una vez conociéndolo, saber qué hacer para tener mayor influencia en los otros.

Avancemos para comprenderla mejor. La inteligencia emocional es la capacidad de reconocer, comprender y gestionar nuestras propias emociones y las emociones de los demás. Se trata de ser conscientes de nuestras emociones (conocerlas), saber expresarlas de manera adecuada hacia los demás y también tener la habilidad de empatizar y entender cómo se sienten los demás, y saber qué hacer para influir positivamente sobre ellos.

BENEFICIOS DE LA INTELIGENCIA EMOCIONAL

La inteligencia emocional es una herramienta muy valiosa para el crecimiento personal y para las relaciones interpersonales. Nos ayuda a:

- Tener relaciones más saludables
- A tomar decisiones más acertadas.
- A manejar el estrés de manera efectiva.
- Desarrollar habilidades sociales y a mejorar nuestra comunicación.

> JOHN MAXWELL, UNO DE LOS HOMBRES MÁS CONOCEDORES DEL TEMA SOBRE LIDERAZGO Y AUTOR DE MUCHOS LIBROS AL RESPECTO, DICE: **"LIDERAR ES INFLUIR**, NADA MÁS, NADA MENOS".

Siendo así, imaginen la enorme importancia que la inteligencia emocional tiene para potenciar nuestra capacidad de influir positivamente en nuestra familia, amigos, trabajo. ¡Y ojo! Primeramente en ti mismo.

Hoy en día conocemos mucho más sobre este tema. El liderazgo tradicional solía enfocarse en las habilidades técnicas y conocimientos específicos relacionados con el trabajo, y lo consideraban lo más importante. Se creía que los líderes debían ser racionales, objetivos y centrados en los resultados.

Por eso, la inteligencia emocional no era considerada una habilidad esencial. Hemos pasado del "sería bueno que la tenga" al "tiene que tenerla". Hoy es considerada crucial para que un líder sea efectivo y logre resultados. Es vital para liderar con éxito y construir relaciones efectivas.

La inteligencia emocional está compuesta por:

1. Lo que sientes en ti es la autoconciencia.

2. Lo que haces en ti es el autocontrol.

3. La motivación sería tu motor, tu deseo, tu pasión.

4. Lo que sientes en los demás es la empatía.

5. Lo que haces en los demás son las habilidades sociales.

Fíjate cómo te las he puesto:

- Lo que sientes en ti y lo que haces en ti.
- Lo que sientes en los demás y lo que haces en los demás.

Daniel Goleman, autor de varios libros y psicólogo que además ejerce el periodismo científico, dice: "Si bien las cualidades asociadas tradicionalmente al liderazgo (inteligencia, firmeza, determinación y visión) son necesarias para el éxito, son INSUFICIENTES... Los líderes verdaderamente efectivos también se distinguen por un alto grado de Inteligencia Emocional, que incluye: autoconciencia, autorregulación, motivación, empatía y habilidades sociales...".

> ESTUDIOS HAN DEMOSTRADO QUE EXISTE UNA RELACIÓN DIRECTA ENTRE LA **INTELIGENCIA EMOCIONAL Y EL ALCANCE DE RESULTADOS**.

Goleman añade: "El coeficiente intelectual y las destrezas técnicas son importantes, pero la Inteligencia Emocional es la condición sine qua non del Liderazgo".

Y es que ser líder es más un arte que una ciencia. Si tuviéramos que asignar porcentajes de importancia entre los componentes del liderazgo, la inteligencia emocional tendría un peso cercano al 50% y los conocimientos técnicos y la capacidad de razonar analíticamente serían el otro 50%. Imagínense la importancia de conocernos y de aplicar ajustes en nuestra inteligencia emocional. ¡Y lo más importante es que se puede aprender y potenciar!

Mientras más elevada es la responsabilidad, más se requiere la Inteligencia Emocional y las destrezas técnicas juegan un rol de menor significación. Por ejemplo, el Presidente de una compañía necesita más inteligencia emocional que el jefe del departamento de contabilidad. Este último requiere una fuerte dosis de conocimientos técnicos y de análisis analítico.

Los líderes con Inteligencia Emocional sobresalen por ser:
- Sobresalientes
- Alto desempeño
- Optimistas
- Apasionados
- Buenos comunicadores

La inteligencia emocional no sólo es importante en tu trabajo, sino también en tu familia, con tus amigos, con los desconocidos. La tienes que aplicar en donde estés.

COMPONENTES DE LA INTELIGENCIA EMOCIONAL

Definamos cada uno de sus componentes:

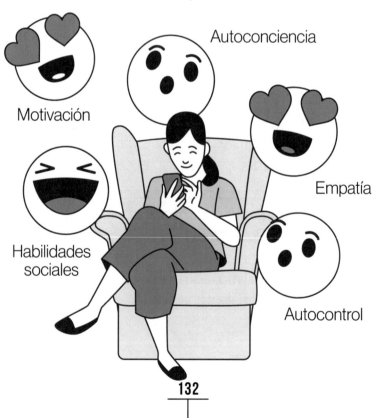

Autonciencia

Conócete a ti mismo, tus emociones, debilidades, fortalezas, necesidades, motivaciones. Así, conociéndote, serás honesto contigo mismo y con los demás. Sabrás lo que quieres, a dónde te diriges y por qué. Alinearás todas tus decisiones con tus valores y así te sentirás satisfecho y animado en lo que hagas. Desarrollarás una gran capacidad para reírte de ti mismo.

Para conocerte nec esitas saber lo que sientes en ti y estar consciente de cómo eres. Entonces, pregúntate: ¿Y ahora qué hago? Para eso está:

Autorregulación

Es una constante comunicación interior. Dicen que es la parte de nuestra inteligencia emocional que nos libera de ser prisioneros de nuestros sentimientos. A través de ella logramos controlar nuestros estados de ánimo y los impulsos emocionales, y nos ayuda a canalizarlos de manera útil. Con la autorregulación:

- Creamos un ambiente de confianza y de justicia.
- Hay mayor adaptabilidad a los cambios.
- Bajan las peleas y aumenta la productividad.
- Integridad: Nos hace capaces de decir NO a los deseos impulsivos.

La autorregulación se contagia y por eso se dice que crea un efecto en cascada. Cuando en una familia, un grupo o en la cúpula de una organización hay inteligencia emocional, existe armonía en toda la empresa.

Motivación

Sin motivación no hay nada. Con ella pones empeño en mejorarte a ti mismo para poder alcanzar los objetivos que te traces. Entre sus muchos atributos resaltan:

- Representa el impulso para obtener logros.
- Es la pasión, es el motor de toda esta máquina para lograr objetivos y subir de nivel.
- Es endógena, viene de un gran deseo interno.
- Produce gran energía para hacer las cosas y hacerlo cada vez mejor.
- Te invita a aceptar el desafío, el reto.
- Te pone en modo positivo y con mucho optimismo, incluso en los momentos adversos. Asumirás el 100% de la responsabilidad sobre lo que pase y no buscarás culpables, ni excusas. Nada te detiene.

> LOS TRES PRIMEROS ASPECTOS (AUTOCONCIENCIA, AUTORREGULACIÓN Y MOTIVACIÓN) **SON CONTIGO MISMO**, MIENTRAS QUE LA EMPATÍA Y HABILIDADES SOCIALES SE DAN CON LAS OTRAS PERSONAS.

Empatía

Percibir y comprender los puntos de vista de otros, sus sentimientos, sus gustos, preocupaciones, realidades, es algo así como el dicho "ponte en sus zapatos".

Sentir lo que siente el otro, es la esencia, lo que nos permite el trabajo en equipo, con diferentes culturas si es el caso. Hoy en día, con la globalización, trabajamos con gente de todas las religiones y maneras de pensar. Y también nos permite mantener más cercanos a nuestros familiares, amigos, compañeros de trabajo.

Y no sólo es simpatizar, sino animarlos para que den lo mejor de sí. Y para ello llegamos a la torre de la inteligencia emocional que son las:

Habilidades sociales

La habilidad social representa simpatía con un propósito: dirigir a las personas en una dirección. Es influir, empujar en una dirección determinada, motivar, inspirar. Es liderar.

> TENER HABILIDADES SOCIALES ELEVADAS HACE QUE AUMENTES TU CÍRCULO DE CONOCIDOS Y QUE CON FACILIDAD ENCUENTRES **PUNTOS EN COMÚN CON LOS DEMÁS**. HAY UNA EXPRESIÓN QUE LO RESUME: "HACES MIGAS CON FACILIDAD".

Las habilidades sociales son la consecuencia de todas las otras dimensiones de la inteligencia emocional. Gracias a tus habilidades sociales puedes lograr ser altamente persuasivo, sabiendo cuándo apelar a las emociones y cuándo a las razones.

Te conviertes en una mejor persona porque eres altamente colaborador, contagias con tu capacidad de trabajo, y tus impulsos son para aportar soluciones.

Hay que recordar que ningún líder es una isla. Por eso las habilidades sociales son tan importantes para el logro, para alcanzar las metas trazadas.

¿CÓMO SE APRENDE LA INTELIGENCIA EMOCIONAL?

Es importante resaltar que la inteligencia emocional aumenta con la edad y la madurez. Pero muchas personas necesitan entrenarse para mejorarla.

1. Se necesita primero tener una gran motivación y aceptar que tienes que mejorarla, con deseos de cambiar.
2. En segundo lugar, estudiar tus reacciones y aprender a controlarlas, lo cual exige una práctica prolongada.
3. Y tercero, contar con gente de confianza que te dé retroalimentación.

Tienes que romper con viejos hábitos de comportamiento y establecer nuevos. Por esto requiere un tratamiento personalizado. La persistencia y la práctica pueden dar resultados duraderos.

Estará en ti, y sólo en ti, mejorar tu inteligencia emocional, porque no se puede desarrollar sin un deseo sincero y un esfuerzo comprometido. No sirven seminarios para esto, ni comprar un manual de instrucciones. Debes involucrarte de lleno en tu desarrollo personal.

Elevar tu inteligencia emocional te ayudará a liderar mejor tu vida y a influir positivamente en los demás. Con esfuerzo y motivación, puedes desarrollar esta habilidad clave para alcanzar todas tus metas.

HENRIQUE FERNANDO SALAS-ROMER

ERES TU PROPIO CEO:
LIDÉRATE

CÓMO ASUMIR EL PAPEL DE CEO (JEFE) DE TU PROPIA VIDA Y **LIDERAR TU CAMINO,** TOMANDO EL CONTROL DE TUS DECISIONES PARA ALCANZAR TUS OBJETIVOS PERSONALES PROFESIONALES.

TEST ✓
AUTOGESTIÓN DE LIDERAZGO

Antes de abordar el siguiente capítulo, te adelanto este test con 15 preguntas de opción "sí" o "no" para evaluar tu autogestión y autoliderazgo:

PREGUNTA	SÍ	NO
¿Tomo decisiones autónomas y asumo la responsabilidad de mis elecciones?		
¿Tengo claros mis objetivos personales y profesionales a largo plazo?		
¿Sé cómo administrar mi tiempo y priorizar tareas importantes?		
¿Soy capaz de motivarme y mantenerme enfocado en mis metas, incluso en momentos difíciles?		
¿Asumo la responsabilidad de mi desarrollo personal y busco oportunidades para aprender y crecer?		
¿Mantengo la calma en situaciones desafiantes?		
¿Busco el equilibrio entre mi vida personal y profesional?		
¿Soy capaz de adaptarme a los cambios y de encarar creativamente los desafíos?		
¿Me comunico de manera efectiva y escucho activamente a los demás?		
¿Sé trabajar en equipo y fomento la colaboración entre los miembros del grupo?		

¿Tengo habilidad para resolver conflictos de manera constructiva y hallar soluciones beneficiosas?		
¿Soy capaz de liderar con el ejemplo, mostrando integridad y ética en mis acciones?		
¿Busco comentarios y acepto críticas constructivas?		
¿Delego porque confío en las habilidades de los demás miembros del equipo?		
¿Muestro empatía hacia los demás, siendo consciente de sus necesidades y emociones?		
TOTAL SÍ / NO		

SUMA LA CANTIDAD DE RESPUESTAS DE LA COLUMNA "SÍ" Y, CON LA SIGUIENTE GUÍA, INTERPRETA LOS RESULTADOS:

0-5 respuestas afirmativas: te sugiero trabajar en el desarrollo de la autogestión y el autoliderazgo. También, identificar las áreas en las que necesitas mejorar y buscar oportunidades para crecer personalmente.

6-10 respuestas afirmativas: muestras un nivel básico de autogestión y autoliderazgo, pero aún hay margen de mejora. Continúa fortaleciendo tus habilidades y buscando oportunidades para crecer y aprender.

11-15 respuestas afirmativas: indica un buen nivel de autogestión y autoliderazgo. Sigue desarrollándote y mostrando habilidades importantes para liderar a otros, así como cultivando tus fortalezas y un enfoque en el crecimiento personal y profesional.

Vuelvo al ejemplo de Jack Ma, el fundador de Alibaba Group del que te hablé en los primeros capítulos de este libro, porque su historia revela cómo un líder, antes que liderar un equipo, debe liderarse a sí mismo y orientar su desempeño hacia el éxito.

Jack Ma nunca la tuvo fácil. Para empezar, no era precisamente un genio de las matemáticas. De hecho, obtuvo solo 1 de los 120 puntos en la sección de matemáticas de su examen de admisión a la universidad. El mismo Ma admitió que los números no eran su fuerte y que nunca estudió administración. ¡Incluso confiesa que todavía no puede leer un informe de contabilidad!

Pero eso no fue todo. Ma buscó trabajo en 30 empresas diferentes y en todas y cada una de ellas fue rechazado. Hasta intentó trabajar como oficial de policía en la comisaría local y ni siquiera lo contrataron. Incluso se presentó a una entrevista para trabajar en KFC junto con otros 24 aspirantes, pero adivina qué: los otros 23 fueron contratados y él se quedó sin trabajo.

El hombre no se dio por vencido. Aunque fue rechazado en 10 ocasiones por la Universidad de Harvard, descubrió que tenía un talento innato para los idiomas y comenzó a dar clases de inglés por tan solo 12 dólares al mes.

Y fue entonces, en 1999, a la edad de 35 años, cuando Jack Ma decidió explorar el potencial de internet para el intercambio de bienes en línea. Con el dinero prestado por un grupo de amigos, fundó Alibaba, inspirado en uno de sus héroes de la infancia.

Sus primeros colaboradores trabajaban en un rincón de su modesto apartamento en Hangzhou, su ciudad natal. Y lo más sorprendente es que no recibían ningún salario, pero se sentían atraídos por el carisma y la personalidad de Jack, a pesar de su aspecto discutible.

Los primeros tres años de Alibaba fueron difíciles, tanto que Jack y su equipo tenían que comprar muchos de los productos que se ofrecían en la plataforma para simular tráfico. Pero poco a poco, Alibaba se convirtió en el principal mercado digital al por menor de China, superando a gigantes como eBay y Amazon en 2015.

¿Qué consejo puedo darte desde la experiencia de Jack Ma? Te diría lo siguiente: lo más importante para cualquier gerente es aceptar que debes gestionarte a ti mismo. Eres tu propio líder. Es que, si no te gestionas a ti mismo, ¿cómo podrás gestionar a los demás? A continuación, mis recomendaciones para lograrlo.

LOS HÁBITOS SON MÁS IMPORTANTES QUE EL TALENTO

¡Y no hay mejor ejemplo para confirmar esta frase que la historia que vimos de Jack Ma! Es que si algo soy capaz de asegurarte es la convicción de que la disciplina y la constancia son más importantes que el talento en sí.

Otro ejemplo que se me viene a la mente es el del actor y político Arnold Schwarzenegger, quien soñaba con convertirse en una estrella de Hollywood desde una edad temprana, a pesar de no tener mucho talento actoral que se diga. Su sueño parecía inalcanzable, especialmente por su fuerte acento austríaco, que muchos consideraban un obstáculo.

Sin embargo, Arnold tenía algo que lo distingue: una determinación y una pasión desenfrenada por alcanzar el éxito. Desde joven, se enfocó en su cuerpo y se convirtió en un destacado culturista. Con una disciplina férrea, entrenaba incansablemente. Con el tiempo, se mudó a Estados Unidos y comenzó a competir en los campeonatos de culturismo más prestigiosos.

Aunque no era considerado el más talentoso en el escenario, su carisma y presencia física capturaron la atención de la audiencia y los jueces. Finalmente, se convirtió en el siete veces Mr. Olympia, un logro sin precedentes en la industria del fisicoculturismo.

Pero Schwarzenegger no se detuvoí. Aprovechó su físico como trampolín para entrar en la industria cinematográfica. A pesar de enfrentar críticas iniciales y ser subestimado por su falta de experiencia y habilidades actorales, él persistió. Se esforzó en aprender el idioma inglés, perfeccionar su técnica actoral y se presentó a audiciones una y otra vez.

Su gran oportunidad llegó cuando ganó el casting para interpretar al icónico personaje de Conan el Bárbaro en 1982. A partir de entonces, su carrera despegó.

> EL LEGENDARIO TERMINATOR DEMUESTRA QUE **LA ÉTICA DE TRABAJO Y LA DEDICACIÓN LLEVAN AL ÉXITO**, INCLUSO CUANDO NO SE TIENE UN TALENTO INNATO EVIDENTE.

VIRA | PARA IDENTIFICAR TU TALENTO

Si además de buenos hábitos, también tienes un talento identificado, ¡mucho mejor! Para identificar ese talento te propongo las siguientes acciones:

- **Piensa en tus intereses y pasiones.** Haz una lista de las tareas o actividades que te motiven y disfrutes. Considera lo que te hace sentir realizado, inspirado o emocionado.

- **Identifica tus fortalezas.** Piensa en las habilidades en las que destacas naturalmente. Pueden ser cualidades sociales, creativas, analíticas, organizativas, etc.

- **Pregunta a los demás.** Pide retroalimentación a personas cercanas a ti, como familiares, amigos o colegas de confianza.

- **Experimenta y prueba cosas nuevas.** La experiencia práctica ayuda a descubrir talentos ocultos. Participa en talleres, grupos de estudio o proyectos que te permitan probar nuevas habilidades.

- **Mantén una mentalidad abierta.** El talento evoluciona con el tiempo. Mantén la curiosidad hacia nuevas oportunidades de aprendizaje.

En su libro "Hábitos atómicos", James Clear explica que los hábitos son acciones automáticas que realizamos de manera repetitiva, casi sin pensar. Se forman a través de un ciclo que consta de tres elementos:

1. La señal o desencadenante.
2. La rutina
3. La recompensa

Pasos para crear un (buen) hábito

Si todos los días, al llegar a casa, te sientas en el sofá y enciendes la televisión (señal o desencadenante), esa acción a la larga se convierte en un hábito.

Para cambiar los hábitos inconvenientes, debes romper ese ciclo. Clear da potentes recomendaciones, enseñanzas y estrategias prácticas para desarrollar hábitos edificantes y deshacerte de aquellos que te limitan. Acá algunas de sus claves:

1. **Crea un entorno que facilite la adopción del hábito.** Si, por poner un caso, deseas comer más frutas y verduras, puedes tener siempre un tazón de frutas frescas en la cocina, en lugar de dejarlo escondido en el fondo de la nevera. O deja tus zapatos deportivos junto a la puerta, así tendrás siempre un recordatorio para salir a correr por la mañana o tras regresar del trabajo.
2. **Comienza con pequeños pasos.** Empieza con acciones pequeñas y manejables que sean fáciles de realizar, para generar impulso y evitar la resistencia inicial.
3. **Aplica la regla de los dos minutos.** Reduce la barrera de entrada al hábito realizando la tarea durante unos pocos minutos al principio, lo que ayuda a superar la postergación y la resistencia.
4. **Establece una rutina y una hora específica.** Asocia el hábito con una rutina diaria establecida y asigna un horario específico para realizarlo.
5. **Técnica del "cambio de hábito".** Identifica un hábito existente que se relacione de alguna manera con el nuevo hábito que deseas adquirir. Asume ese hábito preexistente como señal o desencadenante para comenzar con el nuevo hábito. Y así vas armando tu bloque de rutinas para cada día.
6. **Aplica una estrategia de seguimiento.** Lleva un registro de tu progreso y monitorea tus acciones diarias. Para ello, echa mano de una hoja de seguimiento, una aplicación o un diario donde evaluar tu avance.

VIRA | CREA UN NUEVO HÁBITO

- **Identifica el detonante y la recompensa:** una estrategia para cambiar un hábito es identificar la señal que lo desencadena y la recompensa que lo refuerza. Si deseas dejar de revisar tu teléfono mientras trabajas, pregúntate qué te lleva a hacerlo.

- **Fíjate el hábito meta:** una vez identificada la señal, busca una alternativa deseable. Y recompénsate, pues esto es clave para afianzar nuevos hábitos.

- **Repite la conducta mínimo por 21 días:** para que una rutina se convierta en hábito debe repetirse durante, como mínimo, 21 días, según el psicólogo William James. Con ello le das tiempo al cerebro de procesar y guardar la información de la nueva conducta.

- **Arma tus bloques de rutinas:** una vez que logras convertir la primera rutina en hábito te sugiero montar una nueva rutina de inmediato. Avanza cada día metódicamente y lograrás, casi sin darte cuenta, fijar los hábitos deseados. Soy un convencido de que poco a poco se llega lejos.

La lección del arco y la flecha

El gran enemigo de las rutinas son las distracciones. Hoy en día con la tecnología y las redes sociales es más fácil perder el foco. Y cuando te desenfocas pierdes el objetivo de ese día. Y si te distraes todos los días jamás alcanzarás lo que quieres.

El ejemplo del arco y la flecha ilustra bien cómo incluso la más pequeña desviación tiene consecuencias significativas en nuestro objetivo: imagina que disparas una flecha hacia un objetivo y solo tienes un milímetro de desviación en tu puntería. El arquero inexperto podría pensar que no pasará nada, que el margen de error fue mínimo y que la flecha llegará más o menos a su destino. Pero no.

Por simples leyes de la física, ese pequeño error se magnifica a medida que la flecha viaja hacia el objetivo, y en lugar de acertar en el centro, terminas pelando el objetivo por 20 metros de distancia. Un simple milímetro de desviación aquí se traduce en una gran distancia allá.

> CADA VEZ QUE NOS DESVIAMOS DE NUESTRA RUTINA Y HÁBITOS ENFOCADOS AL ÉXITO, POR MÍNIMA QUE SEA LA DESVIACIÓN, **NOS ALEJAMOS DEL OBJETIVO QUE NOS HEMOS PROPUESTO.**

APLICA EL INTERÉS COMPUESTO EN TI

El interés compuesto es un concepto financiero que se refiere a la forma en que el dinero crece a lo largo del tiempo. Se basa en la idea de reinvertir los intereses generados por una inversión o préstamo, de manera que estos intereses también generen intereses adicionales.

A medida que pasa el tiempo, el efecto del interés compuesto se vuelve más notable: cuanto más tiempo mantengas tu inversión o préstamo, más crecerá tu dinero debido a la acumulación de intereses sobre intereses. Es como una bola de nieve que se va haciendo más grande mientras rueda cuesta abajo.

EL CONCEPTO DEL **INTERÉS COMPUESTO TRASCIENDE EL ÁMBITO FINANCIERO**, Y PUEDES APLICARLO EN TI. DE ALLÍ LA IMPORTANCIA DE LAS RUTINAS Y GENERAR HÁBITOS CONSISTENTES Y PERDURABLES.

Al igual que con el interés financiero compuesto, el desarrollo de una mentalidad positiva y habilidades de liderazgo implica practicar y mejorar constantemente en un área específica. Al invertir tiempo y esfuerzo en desarrollar habilidades relevantes para tus metas y aspiraciones, experimentarás mejoras significativas a medida que acumulas experiencia y conocimiento en ese campo.

O al adquirir conocimientos de manera constante y acumulativa, ya sea a través de la lectura, la educación formal, cursos en línea o incluso conversaciones con personas que te inspiran, construirás una base sólida de conocimientos que se expandirá con el tiempo.

Si cada día dedicas tiempo a leer 10 páginas de un libro, en 10 años, a 365 días por año, ¡habrás leído unos 150 libros y tu cultura será enorme!

Lo mismo ocurre en otras áreas de la vida. Si cada día dedicas un poco de tiempo al ejercicio, media hora por ejemplo, y lo mantienes a lo largo del tiempo, verás cómo mejora tu salud y estado físico.

No es necesario hacer ejercicios intensos durante cuatro horas en un solo día, sino más bien hacer pequeñas acciones diarias que te llevarán hacia logros acumulados a largo plazo. ¿Cómo lograrlo? Creando hábitos, lo que te explico en el siguiente módulo.

Enfocado: Principio de Pareto

La regla del 80-20, o la ley de Pareto, establece que el 80 % de los resultados proviene del 20 % de las causas o esfuerzos. Te aconsejo aplicar esta regla al desarrollo de habilidades de liderazgo, para obtener buenos resultados invirtiendo solo un pequeño porcentaje de nuestro esfuerzo.

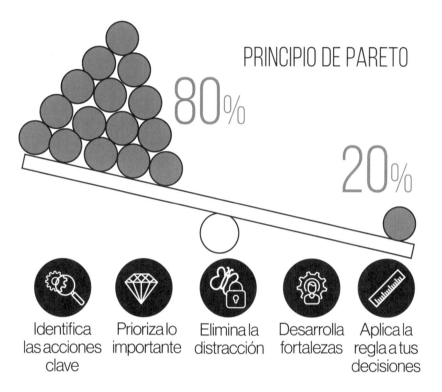

- **Identificar las actividades clave.** Es decir, aquellas con mayor impacto en el desarrollo de tu liderazgo. Por ejemplo, enfocarte en la mejora de tus habilidades de comunicación, en el fomento de relaciones sólidas con tu equipo de trabajo o el desarrollo de tus habilidades de toma de decisiones.
- **Priorizar lo importante.** Identifica las áreas del liderazgo en las que deseas mejorar, ya sea el desarrollo de tu capacidad para inspirar y motivar a tu equipo, o en la mejora de tus habilidades de resolución de conflictos para fomentar un entorno de trabajo colaborativo.
- **Eliminar distracciones y actividades no productivas.** Son las que consumen tu tiempo y energía sin aportar valor

significativo a tu desarrollo como líder. Conozco a muchos gerentes que les vendría muy bien minimizar el tiempo que pasan en reuniones improductivas o papeleo que bien puede hacer un asistente. ¿Eres tú uno de ellos?

- **Desarrollar fortalezas.** Por ejemplo, si tienes habilidades naturales para inspirar, enfócate en desarrollar tu capacidad para comunicar una visión convincente y motivar a tu equipo hacia metas compartidas.
- **Aplicar la regla a la toma de decisiones.** Considera cómo aplicar la regla del 80-20 a tus decisiones, es decir, identifica las opciones con potencial de generar los mayores resultados y beneficios para tu equipo y organización, ya sea asignando recursos, priorizando proyectos o invirtiendo en el desarrollo profesional de tu equipo.

ENCIENDE LA CREATIVIDAD

El liderazgo creativo implica guiar a otros de manera innovadora a lograr objetivos. Según el estudio Udemy for Business, hay tres formas de motivar el liderazgo creativo.

1. **Promover la creatividad del equipo:** un líder creativo fomenta un ambiente propicio para que los miembros del equipo expresen y desarrollen ideas creativas.
2. **Ejecutar la visión creativa del líder:** proporcionando los recursos necesarios y eliminando obstáculos.
3. **Integrar ideas creativas heterogéneas:** une y aprovecha ideas diversas y originales, fomentando la colaboración y el intercambio de perspectivas.

Este trío de enfoques resume la esencia del liderazgo creativo. Aunque se suele asociar con áreas como el diseño, la publicidad o la tecnología, el liderazgo creativo no se limita a un tipo específico de negocio. Como señala Tim Brown, cofundador del estudio de innovación IDEO, "el liderazgo creativo no se trata de que los líderes sean más creativos. Se trata de individuos que fomentan la creatividad".

> HACE AÑOS, EL EMPRESARIO, INVERSOR Y FILÁNTROPO MARK CUBAN HIZO UNA PREDICCIÓN REVELADORA: "EN 10 AÑOS, UN TÍTULO DE ARTES LIBERALES EN FILOSOFÍA VALDRÁ MÁS QUE UN TÍTULO DE PROGRAMACIÓN TRADICIONAL". ¿LA RAZÓN? EL VALOR CLAVE DE LOS PROFESIONALES RESIDE EN SU **PENSAMIENTO ABIERTO Y CREATIVO**.

Esta perspectiva se refuerza con el informe "Jobs Lost, Jobs Gain: Workforce Transitions in a time of Automation" publicado por McKinsey Global Institute, que predice que, para el año 2030, aproximadamente el 50 % de las tareas laborales serán automatizadas, lo que ocasionará que cientos de millones de trabajadores cambien de ocupación y adquieran nuevas habilidades para llevar a cabo labores que las máquinas aún no pueden realizar.

Así, las habilidades blandas o soft skills, como la creatividad, el liderazgo, la comunicación interpersonal, el trabajo en equipo y la empatía, serán requisitos para sobresalir en el futuro mercado laboral.

Especialízate y enfócate

Warren Buffett es un típico ejemplo de cómo la especialización y el enfoque en el campo de las inversiones llevan al éxito financiero. Una de las principales características que distinguió a Buffett fue su enfoque en el análisis de empresas: en lugar de seguir las tendencias del mercado o invertir en numerosos sectores como es lo habitual en el ámbito bursátil, Buffett se centró en comprender a fondo las empresas en las que invertía.

Realizaba un análisis minucioso de los estados financieros, las estrategias comerciales y las perspectivas a largo plazo de cada compañía, con lo que tomaba decisiones con mayor probabilidad de éxito. También y a diferencia de muchos inversores que buscan ganancias rápidas, Buffett adoptó un enfoque paciente y se mantuvo fiel a sus inversiones durante períodos prolongados.

> BUFFET CREÍA EN LA IMPORTANCIA DE INVERTIR EN EMPRESAS SÓLIDAS CON **VENTAJAS COMPETITIVAS DURADERAS,** EN LUGAR DE SEGUIR LAS FLUCTUACIONES DIARIAS DEL MERCADO.

Su enfoque a largo plazo le permitió aprovechar el poder del interés compuesto y tener rendimientos significativos a lo largo del tiempo, construyendo un patrimonio neto estimado en 116.9 miles de millones USD. La moraleja es que, si te dedicas a hacer de todo un poco, sin enfocarte en algo en particular, corres el riesgo de volverte un "Jack of all trades, master of none" (un maestro de nada). La solución es la especialización y aquí mis recomendaciones:

- **Enfócate en un área específica**

Elige una actividad en la que sientas pasión, talento o incluso una habilidad especial. ¿Te encanta dibujar? Dedícate a convertirte en un experto en ilustración. ¿Tienes una habilidad para la música? Enfócate en convertirte en un maestro de la guitarra.

> UNA VEZ QUE TE HAYAS **ESPECIALIZADO EN UN ÁREA**, VERÁS CÓMO EL MERCADO TE VALORA MUCHO MÁS. SERÁS RECONOCIDO COMO UN EXPERTO Y TENDRÁS MAYORES OPORTUNIDADES DE CRECIMIENTO Y MEJORES INGRESOS.

- **La Universidad YouTube**

¿Sabes dónde puedes encontrar recursos para especializarte sin gastar un solo centavo? ¡La Universidad YouTube! es una fuente interminable de conocimiento. Hay miles de tutoriales, cursos y lecciones en video que te ayudarán a perfeccionar tus habilidades. Si quieres aprender a programar, simplemente ingresa en YouTube y busca tutoriales de programación. Ahí encontrarás desde los conceptos más básicos hasta técnicas avanzadas. Y lo mejor de todo es que es ¡totalmente gratis!

- **Conocimiento accionable**

Cuando quisiste aprender a manejar una bicicleta, ¿leíste libros sobre el tema o viste videos instructivos? ¡Qué va! Hasta que no te subas a la bicicleta y pedalees, no aprenderás a hacerlo. Lo mismo sucede en tu desarrollo como líder. La teoría es importante, pero la verdadera sabiduría y experiencia provienen de la acción.

No basta con tener conocimientos en la mente si no se ponen en práctica: el conocimiento es poder solo cuando se organiza en planes de acción definidos y se divide en metas específicas que faciliten la concreción de propósitos u objetivos de largo plazo.

Accionar es esencial para que el conocimiento tenga sentido y se convierta en beneficios tangibles. Es que el conocimiento sin acción es como tener una biblioteca en la cabeza sin utilizarla. Así que, a partir de ahora, busca información que te permita obtener beneficios y ayudar a otros, en lugar de buscar conocimiento por mero ego.

El conocimiento no tiene poder por sí solo. Si todo lo que sabes y tienes en tu mente no se materializa mediante tus acciones y palabras, entonces no estás logrando nada.

A menudo se nos enseña que el conocimiento es poder, pero esa afirmación es incompleta si el conocimiento no está organizado en planes de acción definidos y alineados con metas específicas.

- **Busca fuentes confiables**

Investiga fuentes de conocimiento relevantes para tus metas, ya sea libros, asistir a conferencias, realizar cursos en línea o buscar mentores y expertos en tu campo.

- **Crea un entorno de aprendizaje**

Comparte recursos y experiencias de aprendizaje con tu equipo, fomenta el desarrollo profesional, y anima a los miembros del equipo a compartir sus propios conocimientos y perspectivas.

- **Experimenta con pequeños pasos**

¡No esperes tener todo el conocimiento antes de pasar a la acción! Si deseas implementar un nuevo enfoque de liderazgo basado en la confianza, comienza delegando responsabilidades adicionales a algún miembro tu equipo y ve cómo se desarrolla la dinámica.

No puedo culminar este capítulo sin hablarte de:

LA REGLA DE TRES, no falla, ¡APLÍCALA!

Cuando te encuentres con una idea que consideras te apasiona, y además te comprometes a hacerlo realidad, haz tu plan para ejecutarlo y pasa a la acción generando rutinas. Para ello, es eficaz la REGLA DE TRES:

- Los primeros tres días, encontrarás una enorme motivación.
- A las tres semanas esas rutinas se convertirán en hábitos.
- A los tres meses empezarás a ver resultados y...
- a los tres años el objetivo que te planteaste será una realidad.

Si eres constante, consistente y metódico lograrás tus propósitos. Yo la he empleado y sin duda que te enfoca en la acción con dirección a tu objetivo.

VIRA | APLICA EL PRINCIPIO DE ACCIÓN-REFLEXIÓN

Acción: no te limites a acumular conocimientos teóricos, sino que busca oportunidades para poner en práctica lo que aprendes.

Reflexión: luego, reflexiona sobre los resultados y ajusta. Por ejemplo, si aprendes técnicas de delegación, ponlas en práctica y analiza el impacto en la eficiencia y la motivación del equipo.

Te planteo 5 tips clave para esta actividad que potenciará tu liderazgo:

- Establece pausas: pograma momentos regulares en tu rutina para reflexionar sobre tus acciones y decisiones. Esto puede ser diario, semanal o mensual.
- Analiza los resultados: ¿se lograron los objetivos? ¿Qué funcionó bien y qué podría mejorarse? Esta revisión te brinda información valiosa para futuras decisiones.

- Escucha a otros: al escuchar diferentes perspectivas entenderás mejor cómo tus acciones afectan a otros y podrás identificar brechas de mejora.

- Un diario de reflexión: rastrea tu progreso, reconoce patrones en tus decisiones y aprende de tus experiencias pasadas.

- Establece metas: identifica áreas en las que te gustaría crecer como líder y establece objetivos específicos. Después de un período de acción, dedica tiempo a reflexionar sobre tu progreso y ajustar tus metas según sea necesario.

HENRIQUE FERNANDO SALAS-ROMER

ARMA EQUIPOS
COMO SIR ALEX FERGUSON

UN LÍDER JAMÁS TRABAJA EN SOLITARIO. **APRENDE A CREAR EQUIPOS FUERTES Y EFECTIVOS**, Y A GESTIONAR LAS FORTALEZAS Y DEBILIDADES INDIVIDUALES PARA ALCANZAR METAS COLECTIVAS.

TEST ✓
¿ERES UN JEFE CONTROLADOR?

Responde las siguientes preguntas para evaluar si tiendes a ser una persona controladora en tu rol de liderazgo:

PREGUNTA	SÍ	NO
¿Creo que mi manera de hacer las cosas es siempre la mejor?		
¿Me frustro ante imprevistos que modifican mis planes?		
¿Intento mantener el control por temor a que los demás piensen que soy débil?		
¿No me gusta improvisar en situaciones laborales?		
¿Dudo antes de tomar decisiones o acciones por temor a que las cosas salgan mal?		
¿Siento la necesidad de supervisar constantemente el trabajo de mi equipo?		
¿Prefiero hacer las tareas yo mismo/a en lugar de delegarlas?		
¿Tiendo a microgestionar y corregir el trabajo de los demás?		
¿Siento incomodidad cuando no tengo el control total de una situación?		

¿Me cuesta confiar en que otros miembros del equipo puedan realizar las tareas tan bien como yo?		
¿Me obsesionan los detalles y trato de que todo encaje en lo que yo pensé desde el principio?o		
TOTAL SÍ / NO		

SUMA LA CANTIDAD DE RESPUESTAS DE LA COLUMNA "SÍ" Y, CON LA SIGUIENTE GUÍA, INTERPRETA LOS RESULTADOS

En caso de que más del **50 % de tus respuestas sean afirmativas,** es posible que tengas tendencias controladoras en tu liderazgo que tienden a obstaculizar las relaciones con tu equipo. De ser así, atiende las brechas de mejora con acciones correctivas para desarrollar un estilo de liderazgo más abierto y confiado.

Conocido por su carrera como futbolista y entrenador británico, Sir Alex Ferguson se convirtió en una leyenda al dirigir al famoso Manchester United durante casi tres décadas. Fue inmensa la emoción que se vivía en Old Trafford cuando este enérgico y determinado hombre tomaba las riendas del equipo en 1986. Pero su camino hacia la gloria no empezó allí.

Antes de asumir el desafío en el Manchester United, Ferguson recorrió un camino lleno de aprendizaje y éxito en otros clubes. Desde el East Stirlingshire hasta el Saint Mirren y el Aberdeen, fue forjando su reputación como un técnico innovador y ambicioso.

Pero fue en Manchester donde Ferguson escribió su capítulo más brillante. Bajo su liderazgo, el Manchester United alcanzó alturas vertiginosas: trece campeonatos de liga y dos títulos europeos resonaron en el corazón de los aficionados. El estadio temblaba con la pasión y el fervor que Ferguson infundía en sus jugadores, creando un espíritu de lucha y determinación que era contagioso.

Su capacidad para motivar y sacar lo mejor de sus jugadores fue legendaria. Ferguson se convirtió en un maestro del juego, llevando al Manchester United a victorias inolvidables. En 1999, alcanzó la cima del éxito al obtener la Premier League, la FA Cup y la UEFA Champions League en un mismo año, un logro impresionante que pocos han igualado.

> FERGUSON SIEMPRE DESAFIÓ A SU EQUIPO A SUPERARSE. SU FIGURA TRASCIENDE LOS TROFEOS Y NOS RECUERDA QUE EL VERDADERO LEGADO DE UN LÍDER RADICA EN EL **IMPACTO QUE DEJA EN LAS VIDAS DE LOS DEMÁS.**

TRES PERFILES A IDENTIFICAR

Para transmitir mejor lo que estoy diciendo, voy a utilizar tres grupos de personas que representan diferentes niveles de compromiso y que suelen encontrarse en las organizaciones. Los grupos se llaman Constructivo, Carga y Destructivo.

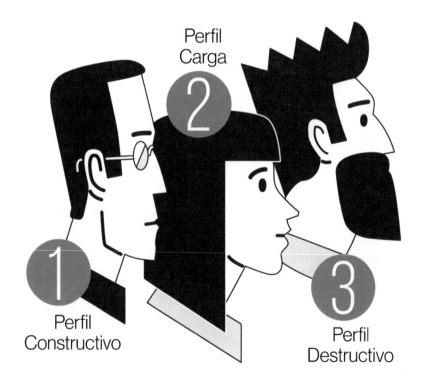

Perfil Constructivo

Imagínate un partido de fútbol, ¿sabes qué jugadores destacan? No son necesariamente los más técnicos, sino los que se dejan la piel en el campo. Dan lo mejor de sí, no se guardan nada, le ponen toda la energía. Cuando los ves jugar, te contagian con su entusiasmo arrollador.

> EL PERFIL CONSTRUCTIVO ES AQUEL QUE TIENE **METAS Y PROPÓSITOS CLAROS.** SE PREPARA CONSTANTEMENTE PARA DAR LO MEJOR.

Quien acusa este perfil está dispuesto a desarrollarse, a entrenarse y a encontrar nuevas formas de hacer las cosas. Incluso se abre a conversaciones difíciles con sus compañeros de trabajo si eso ayuda al equipo a mejorar.

Esto aplica a todos los niveles de mando, desde los directivos hasta el personal en raso. Un miembro del equipo constructivo se entrega al 100 %, sin importar su posición. Está dispuesto a ir más allá de lo que se espera de él y toma decisiones acertadas porque conoce las metas de la organización. Su actitud le permite resolver problemas y aportar con excelencia.

Este tipo de persona contribuye sin que se lo pidan. Si cree que sus ideas pueden aportar valor, no se las guarda y se atreve a expresar su opinión, incluso si va en contra de lo que piensan los demás o sus propios jefes. Simplemente se expresa porque considera que su opinión podría aportar valor.

Perfil Carga

Hay otro tipo de jugadores que, aunque técnicamente sean mejores que muchos de sus compañeros de equipo, no sacan a relucir todo su potencial. A este grupo yo lo llamo "Carga". Su mentalidad es simplemente "cumplir con el deber".

Ven su trabajo como eso, un trabajo. Son responsables al hacer sus tareas, por supuesto, cumplen con sus funciones y administran eficientemente su tiempo y energía. Pero les falta corazón. Su actitud es hacer exclusivamente lo que se les asigna y cobrar el sueldo en día de pago.

> MÁS ALLÁ DE ESOS LÍMITES CLARAMENTE ESTABLECIDOS, ALGUNOS EN EL GRUPO CARGA NO TARDAN EN PENSAR **"NO ME PIDAN MUCHO MÁS".** NO VEO LA VENTAJA EN ELLO".

Son personas que van al trabajo y sienten que cumplen con su labor, incluso van más allá al llegar cinco minutos antes de la hora y quedarse después de que todos los demás se hayan ido. Pero están reservándose algo adicional. Se sienten restringidos. Son conformistas. Si su descripción de trabajo establece ir del punto A al punto B, seguirán ese camino y nada más.

El perfil Carga es funcional, es decir, mantiene a la organización funcionando, pero nunca la llevará al siguiente nivel. Quienes llevan a la organización al siguiente nivel son aquellos dispuestos a dar lo mejor de sí mismos, los que se arriesgan y no temen dar su opinión cuando ven que algo anda mal.

Esto se aplica en cualquier ámbito, desde el ejemplo del futbolista, el vendedor de una tienda, el ejecutivo de cuentas de una empresa, hasta la enfermera que se da cuenta de que la dosis recetada por el médico está equivocada, pero igual se la administra al paciente porque "eso es lo que dijo el doctor", en lugar de señalar el error o al menos preguntar.

Perfil Destructivo

Este tercer grupo lo integran aquellos que se oponen abiertamente a la organización. Sea porque están decepcionados, confundidos, heridos o enojados, adoptan la actitud de "renuncio, pero me quedo" y tratan de reclutar a otros para su causa, promoviendo la negatividad entre sus compañeros.

A veces asumen una postura de víctimas de su entorno y esperan a que las condiciones perfectas se presenten para contribuir de manera adicional. Pero como esas condiciones perfectas nunca se dan, caen en una desesperanza aprendida que justifica su apatía. Se dicen a sí mismos: "Tal vez lo único que queda es cumplir para no ser despedidos, pero no voy a ser tonto y dar más ideas para vender, ahorrar o mejorar procesos. Si a nadie le importa aquí, ¿por qué debería importarme a mí?".

> **LAS PERSONAS DE ESTE PERFIL NO CONFÍAN EN LAS BONDADES DE LA ORGANIZACIÓN NI VEN SU DESEMPEÑO COMO ALGO ESPECIAL.**

Pero atención: el sujeto que forma parte del perfil Destructivo no es una causa perdida. En el fondo, anhela involucrarse y ser valorado. Está en manos del líder cambiar su percepción de la realidad y generar nuevos aprendizajes que permitan contrarrestar la óptica negativa hacia la organización.

No se puede forzar... o Juancito sigue sentado

Recuerdo un chiste que escuché hace algún tiempo y que me sirve perfectamente para ilustrar las características negativas de este perfil:

–Juancito, ponte de pie – le dijo la maestra a Juancito.

–No quiero, respondió el chico.

–Quiero que te levantes.

–No.

Finalmente, la profesora lo amenazó con castigarlo y no permitirle salir al patio durante el recreo, lo que llevó al desobediente niño a levantarse de su asiento. La maestra se sentía muy satisfecha con esta reacción, pero Juancito rápidamente le arrebató el entusiasmo al decir: "Puede que esté de pie físicamente... pero por dentro sigo sentado".

Eso es. Es una elección voluntaria. El concepto de voluntad es clave porque el compromiso no se puede forzar, exigir, comprar ni imponer, sino que viene desde el interior de la persona. Sin embargo, muchos líderes de organizaciones tienen una mentalidad desfasada al creer que pueden promover esa actitud mediante órdenes o recompensas.

Hay personas que forman parte de una empresa que no aman, porque fueron educadas para ser atraídas por las organizaciones más atractivas del mercado laboral, pero dudan constantemente si deberían quedarse allí, a pesar de ganar buen dinero. No están enamoradas.

PARA LOGRAR UN EQUIPO COMPROMETIDO

Para que una fiesta sea un éxito de verdad, hay ciertos factores que deben estar en su lugar: la ubicación tiene que ser accesible a los invitados, con suficiente espacio de estacionamiento disponible. También se necesitan áreas designadas para conversar y bailar, además de la música adecuada y bocadillos deliciosos.

Pero, aunque todas estas cosas estén en orden, si el anfitrión no tiene espíritu festivo, el evento será un desastre. Si está deprimido, triste o de mal humor, no habrá celebración. Lo mismo ocurre en las organizaciones.

Las condiciones para que los miembros de una organización sientan que pueden alcanzar su máximo potencial no aparecen de la nada. Debe haber un líder que las fomente. El líder es como el maestro de ceremonias que maneja todas las variables.

> SI BIEN CADA EMPLEADO ES RESPONSABLE DE SU PROPIA ACTITUD HACIA LA ORGANIZACIÓN, LOS LÍDERES DEBEN **IMPACTAR POSITIVAMENTE EL CLIMA ORGANIZACIONAL** PARA FAVORECER EL CUMPLIMIENTO DE LOS OBJETIVOS PROPUESTOS.

Algunos líderes, no son conscientes del efecto que genera su propia actitud. Y lo digo con propiedad, pues en mi carrera política y trayectoria profesional conocí a más de uno.

Veamos en el presente capítulo cómo solventar esta situación:

Comunica tu propósito de adentro hacia afuera

Comunicar no se trata solo de dar información, es mucho más que eso. Cuando el jefe siempre piensa que tiene la razón, la comunicación se reduce a dar órdenes o reenviar mensajes de la alta dirección a través de circulares y correos corporativos que los empleados miran con indiferencia en su bandeja de entrada o en los carteles pegados en los pasillos.

La forma en que nos comunicamos tiene un gran impacto y es una herramienta estratégica para comprometer a los destinatarios, tanto al mercado, pero, principalmente, a quienes conforman la organización.

El escritor y motivador inglés Simon Sinek ha escrito mucho sobre este tema. Él dice: "El liderazgo es una forma de pensar, una forma de actuar y, sobre todo, una forma de comunicarse". En su libro "El círculo dorado", Sinek nos enseña que hay un error común en la comunicación: hablar de afuera hacia adentro, empezando por el qué, luego el cómo y, a veces, olvidando completamente el porqué.

Tres elementos clave deben formar parte de este proceso de comunicación, de adentro hacia afuera: primero, el propósito, la misión, sería el POR QUÉ LO QUEREMOS; luego la visión sería el QUÉ QUEREMOS; y luego, la estrategia, el plan, el CÓMO LO LOGRAMOS. Prueba comunicarte en esa secuencia y encontrarás mucha más atención y mayor compromiso.

> LOS LÍDERES QUE CONVENCEN Y **MOTIVAN COMUNICAN DE ADENTRO HACIA AFUERA,** COMIENZAN CON EL SER, PASAN AL HACER Y, FINALMENTE, ALCANZAN EL TENER.

Claves para comunicarte mejor con tu equipo

Como el capitán de un equipo deportivo, para que tus jugadores den lo mejor de sí, necesitas transmitirles de manera clara y sencilla tus ideas, demostrarles que te interesas genuinamente por ellos, escuchar sus opiniones y generar una conexión emocional. Todo esto se resume en una palabra: comunicación.

Martin Luther King Jr., uno de los líderes más influyentes de la historia, cuando pronunció su célebre discurso "I Have a Dream" resonó en el alma de millones de personas porque empleó un lenguaje claro y poderoso. Su mensaje inspirador se transmitió de manera directa y efectiva, logrando un impacto que dura hasta el día de hoy.

- **Utiliza historias y ejemplos**

Las historias y ejemplos son poderosos para transmitir mensajes y captar la atención de tu equipo. Echa mano de anécdotas de tu experiencia personal o casos de éxito en la industria. Si estás liderando un equipo de ventas y quieres motivarlos a alcanzar sus metas, por ejemplo, cuenta la historia de alguien que haya logrado su éxito tras numerosos fracasos... digo esto y me viene a la mente Michael Jordan. El ídolo saca siempre a relucir cómo su perseverancia y determinación pudieron más que sus errores en la cancha. No en balde está considerado por muchos como el jugador de baloncesto más valioso de la historia.

- **Lenguaje claro y comprensible**

No uses palabras complicadas o una jerga técnica que pueda confundir a tu equipo. Tu objetivo es que todos te entiendan y se sientan involucrados.

LA COMUNICACIÓN NO SOLO SE TRATA DE HABLAR, TAMBIÉN **ES FUNDAMENTAL ESCUCHAR.**

Demuestra a tu equipo que valoras sus ideas y preocupaciones. Tómate el tiempo para escuchar activamente, prestando atención a lo que dice cada miembro y mostrando un interés genuino por sus inquietudes.

- **Buen lenguaje corporal**

La comunicación efectiva no solo se fundamenta en las palabras, también, y sobre todo, en el lenguaje corporal o no verbal. Tus gestos, expresiones faciales y postura comunican mucho más de lo que imaginas. Asegúrate de que tus gestos reflejen un auténtico interés por tu equipo. Sonríe, mantén contacto visual y muestra un lenguaje corporal abierto y receptivo.

- **Retroalimentación constructiva**

En lugar de enfocarte en los errores o faltas, resalta los logros y habilidades de cada miembro del equipo, eso sí, con honestidad, pues los elogios gratuitos son contraproducentes. Utiliza el método de "elogio, sugerencia, elogio" para ofrecer críticas constructivas.

Ah, y jamás hagas los reproches en público. Mi máxima siempre ha sido criticar o censurar alguna falta en privado y reconocer los méritos en público.

VIRA | EMPATÍA: LA TÉCNICA DEL ESPEJO

La empatía es fundamental para tener una buena comunicación y negociar de manera efectiva. ¿Qué significa esto? Pues, básicamente, necesitas escuchar de forma activa y hacer que tu interlocutor sienta que lo estás escuchando de verdad. Así es como se genera empatía y se establece una base sólida.

Descubrí este método en el libro "Romper las barreras del No", de Chris Boss, un exejecutivo del FBI. Este hombre participó en un montón de negociaciones complicadas y desarrolló una técnica de negociación que quiero compartir contigo: El espejo.

Lo que Chris Boss nos sugiere es responder utilizando algunas palabras o frases que la otra persona ha mencionado previamente. ¿Por qué hacer esto? Porque al repetir lo que la otra persona ha dicho, demuestras que estás prestando atención y que valoras su opinión.

Si alguien te dice: "Creo que necesitamos enfocarnos en mejorar nuestro servicio al cliente", puedes responder: "Entiendo que te preocupe el servicio al cliente. Cuéntame más sobre las áreas que consideras que necesitan mejoras". Con ello demuestras que has escuchado atentamente y estás dispuesto a profundizar en el tema.

Haz preguntas abiertas para obtener información valiosa. Evita las preguntas que pueden ser respondidas con un simple "sí" o "no". En cambio, formula preguntas que inviten a dar información detallada. Por ejemplo, en lugar de preguntar: "¿Estás de acuerdo con esta propuesta?", puedes preguntar: "¿Cómo crees que esta propuesta podría beneficiar a ambas partes?".

Genera un espacio seguro

En los últimos años, la seguridad psicológica se ha vuelto cada vez más importante en las organizaciones debido a la creciente necesidad de aprendizaje e innovación, jugando un papel crucial en la efectividad del ambiente de trabajo y en el intercambio de ideas entre el equipo laboral.

UN ELEMENTO CLAVE ES LA CONFIANZA DE **COMPARTIR OPINIONES.** MUCHAS VECES NO SE EXPRESAN LAS IDEAS POR TEMOR.

La seguridad psicológica está estrechamente relacionada con el trabajo en equipo y tiene que ver con cómo se siente un empleado entre sus compañeros y líderes. Se trata de reglas no escritas: si los roles están claros, si siente que puede contar con el apoyo de sus compañeros, si la comunicación fluye de manera abierta o si, por el contrario, hay una sensación de tener que protegerse a sí mismo.

Cuando se promueve la seguridad psicológica, los integrantes de una organización no se sienten inhibidos por las posibles consecuencias de expresarse y, como resultado, aportan más y se muestran más motivados a participar y lograr resultados.

Ahora, ¿cómo crear un espacio psicológicamente seguro entre los miembros de un equipo? Aquí algunas de mis recomendaciones:

- **Establece normas claras**

Define normas y valores que promuevan la seguridad psicológica en el equipo, lo que incluye la prohibición de críticas destructivas, el fomento del respeto mutuo y la valoración de la diversidad de opiniones. Los miembros del equipo deben estar al tanto de estas normas y comprometidos a seguirlas.

- **Nombra los errores como brechas de mejora**

Cambia la percepción de los errores y fracasos fomentando una cultura en la que los errores se vean como brechas de mejora u oportunidades de aprendizaje y crecimiento. Así reducirás el miedo al fracaso y permitirás a los miembros del equipo asumir riesgos y experimentar sin temor a ser castigados.

- **Alimenta el "ego bueno"**

A muchos nos ha pasado que estamos en una reunión de trabajo y hay un participante tímido que se siente incómodo y apenas participa. Algunos de sus compañeros e incluso el líder de la sesión tratan de minimizar su falta de entusiasmo con una actitud condescendiente, pensando "pobrecito, es muy apocado y por eso no habla mucho". Así que todos terminan comportándose de forma apocada para estar al mismo nivel.

> **MUCHA GENTE DEJA DE BRILLAR Y EXPRESAR SUS OPINIONES PORQUE NO QUIERE SER PERCIBIDA COMO DOMINANTE O AUTORITARIA. AHÍ ES DONDE ESTAMOS FALLANDO.**

La psicología define el ego como la forma en que una persona se reconoce a sí misma y es consciente de su identidad. Pero, en nuestra vida diaria, a menudo asociamos el ego con un exceso de autoestima. Se ha creado una idea negativa alrededor del ego porque muchas veces no se asume de manera adecuada. Pero creo que el ego bien entendido no debería tener una connotación negativa: es digno de aplaudir cuando alguien da un paso adelante y asume el protagonismo al enfrentar un desafío.

El ego es una poderosa herramienta personal si se utiliza para impulsar al equipo, siempre que se tenga la conciencia de cuándo es necesario minimizar su impacto para permitir que otros se destaquen en beneficio de sí mismos y de la organización.

Sin caer en la arrogancia o la vanidad, una de las mejores formas de inspirar a los empleados es mostrando confianza en uno mismo como líder. Si no confías en ti mismo, tus empleados lo notarán y también se retraerán. No estarán motivados para salir y hacer el trabajo necesario. Y lo peor es que, eventualmente, pueden llegar a perderte el respeto.

VIRA | AYUDA A VENCER LA TIMIDEZ

En las reuniones de trabajo, invita al participante tímido a elevarse por encima de su timidez y nivelarse con aquellos entusiastas y participativos que aprovechan su potencial al máximo.

Por supuesto, hay que saber cuándo brillar y cuándo ceder el protagonismo para permitir que otros también sobresalgan. No se trata de apagar tu personalidad, sino de aprender a ajustarla según la situación. Es invitar a que cada persona canalice su ego de manera adecuada.

GENERAR RESPETO... Y HASTA "TEMOR"

Es crucial que el líder inspire lealtad y respeto, pero también que los miembros del equipo le teman, entendiendo por este temor que, si alguien se aleja de los principios de la organización, sabrá que tendrá consecuencias.

Aunque pueda parecer contradictorio, el "temor" aquí no se refiere a un miedo negativo, sino a una comprensión de que las acciones tienen efectos. A continuación, se explica de manera más amplia y se proporcionan ejemplos:

Fija límites y expectativas claras. Como líder, comunica de manera clara los valores, principios y estándares de la organización, estableciendo límites que definan lo que es aceptable y lo que no lo es en términos de comportamiento y desempeño.

Toma decisiones difíciles. Incluso si involucra a personas cercanas, para mantener la coherencia y enviar el mensaje de que los límites se mantendrán. Así que aplica las consecuencias correspondientes cuando alguien se desvía de los valores y normas establecidas.

Establece un ambiente de rendición de cuentas. Fomenta un entorno en el cada uno de los miembros del equipo se sienta responsables de sus acciones y comprenda que se enfrentará a consecuencias por incumplir los límites establecidos, lo que promoverá la responsabilidad individual y colectiva.

> A VECES, ES NECESARIO TOMAR DECISIONES DIFÍCILES, INCLUSO CON PERSONAS CERCANAS, PARA APLICAR LO QUE SE HA DICHO Y DEMOSTRAR A LOS DEMÁS QUE **SE MANTENDRÁN LOS LÍMITES ESTABLECIDOS.**

La generación de ese respeto se logra comunicando claramente las expectativas y los límites, pero también tomando decisiones cuando alguien se sale de esos límites establecidos. Si el líder permite que una persona se salga con la suya, los demás también comenzarán a hacerlo.

VIRA | PONLE FECHA A LAS METAS

Este ejercicio te ayudará a establecer metas y objetivos claros y alcanzables, tanto para ti como para guiar a tu equipo hacia el éxito.

- Divide una hoja de papel en 3 secciones: "Metas a largo plazo", "Metas a mediano plazo" y "Metas a corto plazo".

- En la sección de **"Metas a largo plazo"**, escribe las metas que deseas lograr en un futuro distante. Por ejemplo, el crecimiento de la organización o el desarrollo de nuevos productos.

- En la sección de **"Metas a mediano plazo"**, escribe los objetivos que deseas lograr en un plazo intermedio. Estas metas deben estar alineadas con las metas a largo plazo y ayudar a acercarte a ellas.

- En la sección de **"Metas a corto plazo"**, escribe las metas que deseas lograr en un plazo más cercano. Estas metas deben ser específicas y tangibles, y deben contribuir al logro de las metas a mediano plazo.

- Tus metas deben ser claras y medibles. Puedes preguntarte: ¿Es esta meta específica y detallada? ¿Es realista y alcanzable con los recursos y el tiempo disponibles? ¿Puedo medir mi progreso hacia esta meta?

HENRIQUE FERNANDO SALAS-ROMER

FRENTE AL CONFLICTO INTERNO

MUCHO SE HA HABLADO DE LOS DESAFÍOS EXTERNOS QUE ENFRENTAN LOS LÍDERES, PERO POCO CUANDO ESTAS LUCHAS SE GENERAN DESDE SUS **DEMONIOS INTERNOS.**

TEST ✓
DESCUBRE TU ESTILO DE LIDERAZGO

Responde las siguientes preguntas y elige la letra (a / b) que mejor describa tu respuesta.

CUANDO SE TRATA DE TOMAR DECISIONES IMPORTANTES EN MI EQUIPO, PREFIERO:

a) Tomar las decisiones por mi cuenta.	**b)** Involucrar a mi equipo en el proceso de toma de decisiones.

MI ENFOQUE PRINCIPAL AL LIDERAR ES:

a) Motivar e inspirar a mi equipo.	**b)** Establecer acuerdos y recompensas para las metas.

EN MI LIDERAZGO, VALORO MÁS:

a) La creatividad y la innovación.	**b)** Productividad y desempeño.

FRENTE A SITUACIONES DE CRISIS, TIENDO A:

a) Tomar decisiones rápidas y directas.	**b)** Evaluar las opiniones de mi equipo para decidir.

CUANDO ENFRENTO DESAFÍOS Y CAMBIOS CONSTANTES, PREFIERO:

a) Adaptar mi enfoque según las circunstancias.	**b)** Mantener un enfoque constante en la motivación y el desarrollo del equipo.

RESULTADO (A):	**RESULTADO (B):**
SUMA LA CANTIDAD DE LETRAS (A / B) OBTENIDAS Y ANALIZA LOS RESULTADOS SEGÚN LA SIGUIENTE GUÍA:	
Mayoría de respuestas "a": tu estilo de liderazgo se asemeja al liderazgo autocrático o transformacional. Eres decidido y tomas decisiones rápidas, pero también te enfocas en inspirar y motivar a tu equipo.	**Mayoría de respuestas "b":** tu liderazgo es democrático o transaccional, es decir, valoras la participación activa de tu equipo en la toma de decisiones y buscas establecer acuerdos y recompensas para motivar a tus empleados.

Pero atención: estos son solo resultados generales ya que tu estilo de liderazgo combina características de diferentes tipos. La lección acá es ser consciente de tu estilo y adaptarlo a las necesidades de tu equipo y situación específica.

Winston Churchill fue un hombre cuyo liderazgo se forjó en la fragua de sus propias luchas internas. A lo largo de su vida, este imponente primer ministro del Reino Unido enfrentó episodios de depresión que amenazaron con eclipsar su brillantez y su espíritu indomable. Y hasta tomaba una botella de whisky al día. Sin embargo, Churchill se negó a permitir que sus demonios internos lo detuvieran en su misión de proteger a su nación durante uno de los períodos más oscuros de la historia, la Segunda Guerra Mundial.

Desde una temprana edad, Churchill luchó contra la depresión, una sombra constante que amenazaba con apagar su luz interior y al que solía llamar como su "perro negro". En sus escritos personales y cartas a su esposa, Clementine, reveló los altibajos emocionales que experimentaba.

En el momento más crítico de la historia, cuando la Alemania nazi se cernía sobre Europa, sus discursos apasionados, que resonaron en los corazones de los británicos, se convirtieron en el faro en medio de la oscuridad. Pero la responsabilidad de liderar a su país en tiempos de guerra solo aumentaban su carga emocional.

> CHURCHILL **SE LEVANTABA UNA Y OTRA VEZ,** DISPUESTO A ENFRENTAR CUALQUIER ADVERSIDAD QUE SE INTERPUSIERA.

Fue precisamente en los momentos más oscuros de su vida cuando W. Churchill demostró una resiliencia inquebrantable. Su famosa frase "Si estás pasando por el infierno, sigue adelante" refleja su determinación de superar cualquier obstáculo y nunca darse por vencido.

El célebre ex primer ministro británico es un ejemplo poderoso de cómo un líder enfrenta y supera desafíos internos. Su legado nos enseña que nuestras luchas personales no deben definirnos, sino impulsarnos hacia adelante.

Si bien los desafíos externos pueden incluir, entre otros factores, recursos insuficientes, falta de financiación, competencia feroz, objeciones y resistencia por parte de los empleados, escasez de talento y la gestión de las expectativas de los clientes, en este capítulo me centraré en los desafíos internos, aquellos que se originan en la propia personalidad del líder.

ESTOS DESAFÍOS INTERNOS SON FUNDAMENTALES PARA EL TEMA DE ESTE LIBRO, YA QUE SE ADENTRAN EN LAS **COMPLEJIDADES DE LA MENTE Y EL CORAZÓN DE UN LÍDER.**

Son los obstáculos que surgen a partir de su propia personalidad y que afectan su capacidad para guiar y motivar a los demás.

LIDIAR CON EL SÍNDROME DEL IMPOSTOR

Existen varios tipos del llamado síndrome del impostor, y cada cual se manifiesta de manera diferente. Quizá te cuestiones constantemente tus propias habilidades o juicio, lo que te llevará hacia el pantano de la indecisión. También es posible que sientas la presión de tener que enfrentarlo todo por tu cuenta, lo que dificulta pedir la ayuda que realmente necesitas.

Ya te he hablado sobre este punto en capítulos anteriores, sobre todo en el segmento de nuestras creencias limitantes, pero quiero insistir acá en que el mayor secreto para aplastar el síndrome del impostor radica en buscar evidencias de tu capacidad y valía.

> **PIENSA EN LOS COMENTARIOS POSITIVOS QUE HAS RECIBIDO DE TU SUPERIOR DIRECTO O DE TUS COMPAÑEROS. ELLOS TE HAN OTORGADO ESE PAPEL DE LIDERAZGO POR UNA RAZÓN, ¡CONFÍAN EN TI!**

Además, sigue desarrollando tus habilidades en las áreas que encuentras más difíciles. Enfócate en el crecimiento personal y profesional, buscando oportunidades de capacitación o formación en esas áreas específicas, con lo que te sentirás más seguro y preparado para enfrentar cualquier desafío interno que se presente.

VIRA | LLEVA UN DIARIO

Un ejercicio práctico que sugiero es llevar un diario de logros y éxitos. Cuando tengas tiempo, pero no menos de una vez a la semana, anota al menos una cosa en la que te hayas destacado o te hayas sentido orgulloso de tu desempeño.

Esta rememoración te recordará constantemente tus logros y te ayudará a combatir esos pensamientos negativos del síndrome del impostor, muy extendido sobre todo en puestos de liderazgo. Date crédito por tus logros y reconoce tu valía.

QUERER GUSTAR SIEMPRE

Como líder, tendrás que tomar decisiones que molestarán o frustrarán a algunas personas. Pero solo porque no agrades a todos no significa que estés equivocado. Muestra empatía por los sentimientos de los demás, pero lo importante aquí es ganarte el respeto por tus habilidades de liderazgo.

Es natural querer complacer a todos, pero es imposible hacerlo en todo momento. En vez de centrarte únicamente en ser agradable, enfócate en ser auténtico y coherente con tus valores y principios como líder. Es hora de recordar la sabia frase de Caroline Kennedy, abogada y diplomática estadounidense, única hija con vida del 35° presidente de los Estados Unidos, John F. Kennedy: "Cuando tomas la decisión correcta, realmente no importa lo que otros piensen".

> CUANDO TOMES DECISIONES DIFÍCILES, **EXPLICA TUS RAZONES DE MANERA PRECISA Y TRANSPARENTE,** DEMOSTRANDO QUE CONSIDERAS EL BIENESTAR DE TODO EL EQUIPO.

Apégate a tus valores y principios. Antes de tomar decisiones, ten claridad sobre tus propios valores y principios como líder, los que te servirán como guía para tomar decisiones coherentes y consistentes, incluso cuando no sean populares.

Aprende a lidiar con la crítica. Como líder, es probable que recibas críticas, inconformidad y desacuerdos de vez en cuando. Para manejar la crítica de manera constructiva lo más eficaz es no tomarla de forma personal, evaluando si hay aspectos válidos en los cuestionamientos que puedas mejorar. Si dudas al momento de decidir, recurre a la frase de Osho, o Bhagwan Shree Rajneesh, quien fuera líder de un movimiento espiritual de origen indio. "Si tienes dificultades en tomar una decisión, escoge el menor entre dos males".

Reconoce tus errores. En tu papel de líder de seguro cometerás errores y tomarás decisiones equivocadas, puesto que los líderes no son superhéroes. Así que acepta la responsabilidad de tus acciones y mira el error como experiencia y lección. No es tan fácil como se dice, pero cuando a mí me toca asumir mis fallos de liderazgo, me repito una frase popular que me reconforta: "Las buenas decisiones vienen de la experiencia, y la experiencia viene de las malas decisiones".

MANTÉN LA CALMA

En el año 2014, Mary Barra asumió el cargo de directora ejecutiva, o CEO, de General Motors (GM). En ese momento, la compañía estaba pasando por momentos difíciles debido a un escándalo de seguridad que sacudió a la industria automotriz.

> ALGUNOS VEHÍCULOS FABRICADOS POR GM TENÍAN DEFECTOS QUE PONÍAN EN PELIGRO LA SEGURIDAD DE CONDUCTORES Y PASAJEROS, LO QUE CAUSÓ DESCONFIANZA EN LOS CLIENTES, Y LA REPUTACIÓN DE GM CAYÓ EN PICADA.

Sin embargo, Mary Barra no se amilanó frente a este desafío. Ella sabía que debía tomar medidas audaces para enfrentar el revés y restaurar la confianza en la compañía. Convocó a su equipo y juntos se pusieron manos a la obra.

A lo largo de los años, GM fue una empresa icónica en la industria automotriz. Fundada en 1908, atravesó numerosos desafíos y cambios a lo largo de su historia. Pero ahora, Barra estaba decidida a enfrentar este conflicto de seguridad y escribir un nuevo capítulo en la historia de GM.

Con el tiempo, implementó un plan integral para abordar el problema de seguridad. Mejoró los estándares de calidad y seguridad en la producción de vehículos, estableciendo protocolos más estrictos y rigurosas pruebas de calidad.

Sus acciones comenzaron a dar frutos. GM trabajó mucho para corregir los defectos en los vehículos y se comprometió a garantizar la seguridad de sus clientes. La compañía se disculpó públicamente y se comprometió a hacer todo lo posible para enmendar la situación.

Como resultado, y al cabo de un tiempo, la calidad de los autos de GM mejoró significativamente y la confianza de los clientes comenzó a regresar. GM se esforzó por aprender de los errores y fortaleció sus prácticas de seguridad. Mary Barra se convirtió en una líder admirada y respetada en la industria automotriz.

Su caso en GM se convirtió en un hito en la historia de la compañía. Demostró que, incluso en tiempos de crisis, un liderazgo fuerte y determinado tiene como destino la transformación y el éxito.

> SEGURO EXPERIMENTARÁS MOMENTOS EN LOS QUE LA PRESIÓN ES INTENSA Y LIDERAS EN MEDIO DE UNA CRISIS. EN ESOS MOMENTOS, **MANTENER LA CALMA Y EL FOCO ES TODO UN DESAFÍO.**

Pero incluso en medio del caos, permítete tomar un tiempo para procesar la información que tienes frente a ti. Tómate un respiro profundo y busca ese espacio mental donde encontrar claridad en lugar de caos. Es en ese estado de calma donde podrás tomar decisiones acertadas y efectivas.

Al igual que un piloto de avión en medio de una tormenta, aprende a regular tus emociones. Es crucial desarrollar habilidades para mantener la serenidad y la compostura en situaciones desafiantes.

Una estrategia efectiva para la regulación emocional es practicar técnicas de relajación y mindfulness, para estar con todo tu cuerpo y mente en el momento actual y mantener la calma en situaciones estresantes.

También, rodéate de un equipo de apoyo sólido. No temas pedir ayuda cuando lo necesites. Asumir la debilidad o vulnerabilidad propia es de valientes y convoca apoyos inesperados. Al igual que un general confía en sus tropas, tú también debes rodearte de personas en las cuales confíes plenamente.

3 tips para la regulación emocional

Además de la relajación y el mindfulness, te sugiero tres métodos que a mí me han servido para calmar las turbulencias emocionales:

- **Reevaluación cognitiva:** cuestiona y cambia patrones de pensamiento negativos que pueden intensificar tus emociones. Busca perspectivas más equilibradas.
- **Distanciamiento emocional:** visualiza la situación desde afuera, como si fueras un observador neutral, para reducir la implicación emocional.
- **Manejo del entorno:** si es posible, cambia tu entorno para evitar desencadenantes emocionales o crear un espacio más calmado y relajante.

VIRA | EJERCICIO DE LAS DOS LÍNEAS

Toma un momento para pensar en una situación desafiante que hayas enfrentado como líder. Dibuja una línea que represente el nivel de caos y confusión que experimentaste en ese momento. Luego, dibuja otra línea que represente la calma y la claridad que te gustaría haber tenido. Observa la diferencia entre ambas líneas y pregúntate qué acciones o prácticas podrías implementar para acercarte más a ese estado de calma en el futuro. Anota esas ideas en papel y comprométete a llevarlas a cabo.

Las crisis también encierran oportunidades y posibilidades de crecimiento. Un interesante enfoque proviene de la cultura china, donde el ideograma que representa la palabra "crisis" también lleva consigo el significado de "oportunidad".

CRISIS Y OPORTUNIDAD, UNA SIMBIOSIS

Desde pequeño escuché a mis mayores decir que "la creatividad es hija de la necesidad". Una frase que entendí en toda su dimensión cuando me tocó apreciar cómo una comunidad vulnerable de mi estado, se armó de ingenio para levantar una escuela de primaria con sus propios medios. Esto me motivó tanto, que tomé esa iniciativa como fuente de inspiración.

Así que la necesidad de educación, que para la familia venezolana es un valor central, le dio a aquella comunidad un motivo para exprimir su creatividad a favor de todos, y a mí una gran oportunidad para empoderar, con el apoyo institucional de la gobernación, a esta y otras comunidades.

Esta experiencia viene a cuento porque me fascina la simbiosis que, como seres creativos y curiosos, podemos establecer entre la crisis y la oportunidad. Las crisis catalizan cambios y nos obliga a abrir nuevas puertas para mejorar. De esta fascinante dinámica saco tres lecciones que considero valiosas para un líder que se halle en medio de una crisis o adversidad:

1. Las crisis reclaman, si o si, adaptación, ingenio, innovación y superación de obstáculos.

2. Estos desafíos obligan a personas y organizaciones a pensar en soluciones, identificar áreas de mejora y oportunidades no exploradas hasta el momento.

3. Y, si se asumen con una actitud proactiva y edificante, llega el tercer estadio: la reinvención en equipo de estrategias y enfoques, donde cada aporte cuenta.

Por supuesto, la resiliencia y creatividad tienen un papel clave en la visualización de las oportunidades que esperan detrás de toda crisis o "necesidad", como bien reiteraban mis mayores.

Aprende a confiar y delegar

Delegar no solo alivia la carga de trabajo del líder, sino que también potencia la productividad del equipo. Al confiar en los demás, se crea un clima organizacional enriquecedor y creativo.

Aunque suene bien porque delegar es lo ideal (además de aliviar las propias cargas se empodera a los colaboradores mejorando la efectividad del equipo), nos topamos con personas que se resisten a asignar tareas a otros. Son los obsesionados del control total.

La persona controladora

Quien es controlador tiende a ejercer un excesivo dominio sobre situaciones, personas o incluso sobre sí mismo. A menudo, busca tener un control absoluto en todos los aspectos de su vida y en las vidas de los demás. Tiene varias característias e intensidades:

El inflexible: le resulta difícil adaptarse a los cambios o aceptar diferentes puntos de vista, prefiriendo seguir sus propias reglas y resistirse a cualquier sugerencia o idea que cuestione su autoridad.

Micromanagement: se involucra en los detalles más mínimos y supervisa de cerca las tareas y acciones de los demás ante la necesidad de dictar cómo se deben hacer las cosas.

Intolerante a la incertidumbre: le resulta cuesta arriba lidiar con la ambigüedad y prefiere tener certeza y previsibilidad en todo momento y situación.

Perfeccionista: busca la perfección en lo que hace, usualmente impone estándares imposibles a los demás. Lo trágico es que la mayoría de las veces se pierde en detalles irrelevantes.

Necesidad de aprobación: las personas controladoras buscan constantemente la validación de los demás, llegando a sentirse inseguras si no reciben el reconocimiento que desean.

Confiar y delegar es como dirigir una orquesta: tú eres el director, pero cada miembro del equipo tiene un papel que desempeñar y su talento individual es crucial para ser una gran sinfonía.

> COMO UN GENERAL QUE LIDERA SU TROPA EN LA BATALLA, **NO PUEDES HACERLO TODO TÚ SOLO.**

Mi consejo es confiar en tu equipo de trabajo y mucho más si lo has escogido tú, para que ejecute las estrategias que has diseñado. Si tratas de controlar cada detalle y supervisar minuciosamente cada movimiento, terminarás agotado y frustrado, y tus tropas se sentirán sin la autonomía necesaria para ejecutar sus tareas.

Claro, es común sentir la tentación de querer controlarlo todo. Sin embargo, confiar y delegar son pilares de un entorno de trabajo productivo y empoderador. Al delegar, brindas a quienes te rodean la oportunidad de asumir responsabilidades, aprender y crecer en sus roles. Claro, comprendo que en algunas oportunidades deberás hacerlo con un ojo abierto y el otro cerrado...

VIRA | DELEGAR EN 4 PASOS

Para ser un delegador efectivo, sigue el siguiente ciclo de cuatro pasos clave:

Comprende tus propias preferencias y prioridades. Evalúa tu carga de trabajo y determina qué tareas puedes delegar para liberar tiempo y energía para enfocarte en las responsabilidades más estratégicas.

Conoce a tu equipo. Reconoce las fortalezas, habilidades y conocimientos de cada miembro de tu equipo, para así asignar las tareas adecuadas a las personas adecuadas. Al delegar, también estás brindando a tus colegas la oportunidad de desarrollarse y crecer en sus roles.

Comunica claramente. Cuando delegues una tarea, indica las expectativas, los plazos y cualquier información relevante. Pero también da espacio para que la persona a quien has delegado use su creatividad y experiencia para abordar la tarea.

Sé un recurso de apoyo. Sigue disponible para brindar orientación, estableciendo un ambiente abierto, donde las personas a quienes has delegado se sientan cómodas al acudir a ti en busca de asesoramiento.

ENFRENTAR FRACASOS

Desde muy joven, Walt Disney mostró un talento y una pasión innatos por la animación y la narración de historias. Sin embargo, sus primeros intentos de establecerse en la industria fueron rudos. Uno de ellos fue ser despedido del periódico Kansas City Star ¡por falta de imaginación! Años más tarde se vengaría comprando ese mismo periódico.

Después de trabajar como animador en varias empresas, decidió lanzar su propio estudio de animación, Laugh-O-Gram Studio, en Kansas City. Aunque tuvo un éxito inicial, la compañía finalmente quebró debido a problemas financieros.

No dispuesto a rendirse, Disney se trasladó a Hollywood con la determinación de revolucionar la animación. En 1923, fundó la compañía Disney Brothers Studio junto con su hermano Roy. Uno de los momentos más difíciles fue cuando perdió los derechos de su personaje animado más popular en ese momento, Oswald el Conejo Afortunado, debido a problemas contractuales.

A pesar de estos contratiempos, Walt Disney no dejó que el fracaso lo detuviera. Fue durante un viaje en tren desde Nueva York a Los Ángeles donde la idea de un ratón animado llamado Mickey se le ocurrió. Mickey Mouse se convirtió en el personaje que definiría el éxito de Disney y en el símbolo mundialmente reconocido de la compañía.

A lo largo de su carrera, Walt Disney enfrentó rechazos y desafíos constantes. Incluso cuando presentó la idea de construir un parque temático revolucionario llamado Disneyland, muchos inversionistas lo consideraron una locura. Sin embargo, Disney persistió y logró abrir el primer parque temático Disneyland en 1955, que se convirtió en un éxito rotundo y sentó las bases para el posterior crecimiento de la empresa.

Todos hemos experimentado esos momentos en los que las cosas simplemente no salen como esperábamos. Quizá un proyecto no funcione como lo planeamos o que un evento resulte ser un fracaso. Pero no te preocupes, incluso a los mejores les sucede. La clave es cómo manejas la situación y cómo te recuperas de ella.

Como líder, es normal experimentar momentos en los que tu motivación y entusiasmo por el proyecto o la organización se ven afectados. Pero tú eres el motor que impulsa a tu equipo hacia adelante. Como reza la atinada frase de Viktor Frankl, neurólogo, psiquiatra y filósofo austriaco que sobrevivió desde 1942 hasta 1945 en varios campos de concentración nazis: "El hombre que se levanta es aun más fuerte que el que no ha caído".

No te detengas en lo que no funciona, a menos que manejes una solución en mente. Cambia tu perspectiva: mira el traspié como eso, solo un traspié del que aprenderás y que te hará más fuerte.

ACEPTA QUE **LOS ERRORES SON PARTE NATURAL DEL PROCESO DE CRECIMIENTO.** UTILIZA CADA FRACASO COMO UNA LECCIÓN PARA SER MEJOR.

- **Analiza y reflexiona.** Indaga en las razones detrás del fracaso. Examina qué salió mal, qué decisiones o acciones contribuyeron al resultado y qué podrías haber hecho de manera diferente. Esta introspección te dará lecciones valiosas para evitar cometer los mismos errores.
- **Aprende de los demás.** Busca modelos que te inspiren y estudia las historias de personas exitosas que hayan enfrentado fracasos en su ascenso al éxito. Aprende de esas experiencias, consejos y estrategias para superar obstáculos y recuperarte del fracaso.

- **Mantén una mentalidad de crecimiento.** Repite este mantra: "el fracaso me obliga a abrir nuevas puertas hacia mi crecimiento".

VIRA | 3 COSAS POSITIVAS

Te invito a realizar un ejercicio práctico. Haz una lista de tres cosas positivas relacionadas con tu proyecto o tu equipo, ya sean logros recientes, habilidades sobresalientes de los miembros del equipo o cualquier aspecto que te inspire confianza y entusiasmo. Luego, reflexiona sobre cómo compartir esa energía positiva con tu equipo y cómo superar aquel obstáculo que te esté desanimando.

El ave Fénix, un símbolo de fuerza y renovación, desempeñaba un papel importante en la antigua mitología griega. Según la leyenda, este majestuoso pájaro moría durante la noche y resurgía con toda su gloria al amanecer. Su historia encarna la idea de la resiliencia, la purificación y la esperanza tanto en el plano físico como en el espiritual.

Pero este no es solo un cuento ancestral perdido en el tiempo, sino una historia que se repite constantemente en aquellos que tienen la habilidad de reinventarse. Si puedes identificar tu propia cualidad de ser resiliente y recuperar esa fortaleza que te impulsa por encima de las dificultades, te convertirás en un ave Fénix capaz de resurgir a pesar de los estragos del fuego.

Carl Gustav Jung, en su libro "Símbolos de transformación", afirmó que tanto el ser humano como el ave Fénix comparten similitudes significativas. Esta emblemática criatura de fuego, que se eleva majestuosamente desde las cenizas de su propia destrucción, simboliza el poder de la resiliencia. Nos muestra que podemos renovarnos y transformarnos en seres mucho más fuertes, valientes y luminosos tras las caídas.

Así como el ave Fénix renace de sus propias cenizas, cada uno de nosotros tiene el potencial de superar las adversidades y renacer con una nueva vitalidad. Al abrazar nuestra capacidad de resiliencia, podemos enfrentar los desafíos de la vida con valentía y perseverancia. No importa cuántas veces caigamos, lo que realmente importa es nuestra capacidad de levantarnos una y otra vez.

HENRIQUE FERNANDO SALAS-ROMER

LIDERAZGO EN LA ERA DIGITAL

DESDE EL TSUNAMI QUE ES LA LLEGADA DE LA INTELIGENCIA ARTIFICIAL HASTA LAS NUEVAS MODALIDADES COMO EL TRABAJO A DISTANCIA, **ABUNDAN LOS NUEVOS RETOS PARA LOS LÍDERES Y GERENTES DE HOY.**

TEST ✓
¿CUÁN ABIERTO ERES A LAS NUEVAS TECNOLOGÍAS?

Asigna un valor del 1 al 5 a cada pregunta según tu percepción y desempeño en cada área, siendo el 1 el indicativo de la menor apertura a lo digital y el 5 el de la máxima apertura.

PREGUNTA	VALOR
¿Brindas oportunidades de desarrollo y crecimiento a tu equipo?	
¿Facilitas la movilidad interna de los empleados para explorar diferentes roles y áreas?	
¿Promueves la alfabetización digital en tu organización?	
¿Tu visión estratégica considera el potencial de las tecnologías emergentes?	
¿Lideras eficazmente los cambios derivados de las nuevas tecnologías?	
¿Involucras a tu equipo en el proceso de cambio y fomentas la participación activa?	
¿Utilizas herramientas de análisis de datos para respaldar la toma de decisiones?	
¿Promueves una cultura de seguridad y estás al tanto de las mejores prácticas de ciberseguridad?	
¿Comunicas de manera efectiva los cambios tecnológicos y sus beneficios para la organización?	
¿Fomentas la creatividad y la innovación en la implementación de nuevas tecnologías?	

¿Proporcionas los recursos adecuados para que los miembros del equipo se adapten a las nuevas tecnologías?	
¿Promueves un entorno de aprendizaje continuo en relación con las nuevas tecnologías?	
¿Buscas oportunidades para mejorar los procesos y operaciones utilizando la tecnología?	

RESULTADOS

Tras sumar los puntos de cada columna revisa los siguientes **resultados cualitativos:**

60-75 puntos: demuestras una sólida capacidad para liderar aprovechando las nuevas tecnologías en beneficio de la organización y tu equipo.

45-59 puntos: buen liderazgo tecnológico. Muestras un nivel competente en la gestión de las nuevas tecnologías, pero hay margen de mejora en ciertas áreas.

30-44 puntos: hay oportunidades para mejorar tu enfoque y comprensión de las nuevas tecnologías y su impacto en la organización.

15-29 puntos: requieres un mayor compromiso y comprensión de las nuevas tecnologías para liderar de manera efectiva en un entorno digital.

Esta tabla de evaluación es solo una guía con una visión muy general de tu liderazgo tecnológico. Para obtener un análisis más detallado y personalizado, te recomiendo trabajar cercanamente con un asesor en liderazgo y nuevas tecnologías.

Tras la llegada de la era industrial que hizo explosión a partir de 1770 con el arribo de sistemas de producción mecánicos de tracción hidráulica y de vapor –entre otros muchos flamantes progresos a los que luego se añadirían la cinta transportadora, la bombilla eléctrica, el teléfono y el automóvil de combustión interna–, se generó una economía basada en la producción en serie, la división del trabajo y un nuevo rol de los obreros dentro del proceso.

En esa época se crearon las fuentes de empleo y se necesitaba una mayor mano de obra. La gestión de las organizaciones se inspiraba entonces en nociones militares: uno o dos sujetos instalados en la cúspide de la pirámide organizacional planificaban las estrategias a aplicar mientras quienes se encontraban en la base se limitaban a cumplir su rol de mano de obra, con una rígida comunicación vertical que adoptó ciertos términos del universo bélico (de allí que aún sobreviva en el argot laboral el término "reclutar personal").

> EN TALES ESTRUCTURAS, LOS LÍDERES DE LAS ORGANIZACIONES NO SE VEÍAN PRECISADOS A ESCUCHAR A SUS SUBORDINADOS. **EL JEFE ORDENABA Y SUS SUBALTERNOS OBEDECÍAN.** SE HACÍA LO QUE DIJERA ÉL.

A finales del siglo XX, los avances de la microelectrónica y la tecnología de la información para automatizar la producción, incorporaron en las oficinas los primeros ordenadores personales, lo que revolucionó de nuevo los procesos de producción y abrió las compuertas de la era del conocimiento.

La información se convirtió en un preciado bien del mercado y los líderes de las organizaciones debieron ajustar su perfil a este inesperado sacudón en las formas de hacer empresa. Al advertir que no lo sabía todo y que muchos conocimientos necesarios para su quehacer escapaban de su dominio, la persona situada en la cima de la organización dejó de pensar en solitario.

Muchos líderes descubrieron que no eran ningún Henry Ford, que no tenían bajo su manga todos los ases del mazo de naipes. De allí que el cerebro pasó a ser una pieza estelar del engranaje: los líderes de las organizaciones empezaron a contratar a personal capacitado para manejar con propiedad ciertas áreas del negocio, un fenómeno impensable años antes y que modificó los esquemas de autoridad y replanteó la figura del jefe y sus cualidades.

Ya no era quien necesariamente sabía más, por lo que empezó a delegar en quienes demostraban capacidad para tomar las decisiones más convenientes.

TRES GRANDES DESAFÍOS ACTUALES

Durante la era del conocimiento, la fuerza del hombre fue valorada no tanto por su energía física sino por su inteligencia. Por lo inmaterial. Apple, por citar a un gigante de la industria tecnológica, en sus inicios no buscaba ser un monstruo de la producción, sino del pensamiento.

La compañía fundada en 1976 por Steve Jobs y Steve Wozniak se basó y todavía basa su potencialidad en la creatividad y el ingenio más que en la producción, al punto que hoy esta fase es encargada a fábricas ubicadas en China.

Como ves, a lo largo de la historia la tecnología ha ejercido un impacto profundo en la forma en que se ejerce el liderazgo: cada nuevo hito ha redefinido las herramientas y los enfoques utilizados por los líderes para dirigir y motivar a sus equipos.

Con la llegada de la era digital, la tecnología ha derribado barreras geográficas, creando nuevas formas de comunicación, lo que ha llevado a un liderazgo más global y colaborativo. Veamos a la fecha cuáles son los hitos que hoy revolucionan la manera en que los líderes se comunican, motivan, toman decisiones y dirigen a sus equipos:

Inteligencia artificial

No quisiera cerrar este libro sin abordar los temores relacionados con la inteligencia artificial y la posible pérdida de empleos. Y es que uno de mis propósitos finales con estas páginas es dejar de temerle a la tecnología (de la cual soy fanático desde mis tiempos en IBM), y cómo disparar la creatividad para aprovechar al máximo la revolución tecnológica que hoy experimentamos.

No obstante, muchos líderes de organizaciones permanecen en estado de negación, pensando que el uso de la tecnología solo atañe a sofisticadas empresas del primer mundo. Pero la curva de aplicación ya es vertiginosa: OpenAI, la compañía que está detrás del desarrollo del chatbot ChatGPT, en solo cinco días alcanzó la impresionante cifra de 1 millón de usuarios, cifra que al cabo de un par de meses superó ¡los 100 millones!.

Cada día son más las aplicaciones que utilizan la inteligencia artificial, facilitando el trabajo y acelerando los procesos para las tareas diarias de las personas y de las organizaciones privadas o públicas. Imposible no involucrarse y sacar ventaja de ellas. En un mundo competitivo la tecnología es una herramienta para estar a la altura de estos tiempos.

Aunque las herramientas digitales desempeñan hoy en día un rol fundamental, no es en sí el acceso a la tecnología de punta lo que asegura el triunfo, sino la capacidad de los líderes para repensar sus modelos y adoptar nuevas formas de trabajar a la luz de esta floreciente oferta tecnológica.

Los avances de estos tiempos obligan a adaptarse al cambio permanente. Se dice que cada 4 años hay que hacer una revisión a fondo de todos los procesos para ajustarse a la nueva tecnología. Y esto lo digo no solo para las empresas sino también para cada uno de nosotros como personas. La velocidad es tan grande que estamos viviendo tiempos de estudio y capacitación permanente.

RECORDEMOS SIEMPRE QUE LA MEJOR INVERSIÓN QUE EXISTE ES **INVERTIR EN TI.**

El trabajo a distancia

Teletrabajo. O el síndrome de la oficina vacía

El covid-19 terminó de hacer explotar una tendencia que venía creciendo desde años atrás: el trabajo a distancia. La actual es una generación que le gusta trabajar a distancia y busca flexibilidad de horario, para lo que cuenta con una gran cantidad de herramientas.

Ya no se trata de permanecer en una oficina dentro de un horario establecido, sino de obtener resultados.

No obstante, muchos directivos experimentan en silencio, o incluso de manera ruidosa, lo que se conoce como el "síndrome de la oficina vacía". ¿Cuál es la razón detrás de esto? El poder requiere de un contexto, de un entorno físico. El poder es algo que se ejerce de manera presencial. No habrá sentido de autoridad sin un lugar físico que lo respalde.

Es por esta razón que algunos líderes se resisten al concepto del trabajo remoto. Para aquellos que carecen de verdadero liderazgo y, en cambio, se aferran al autoritarismo, la idea de no tener una oficina física resulta inquietante.

Por otro lado, existe otro fenómeno que se relaciona con el emprendimiento: para muchos emprendedores novatos, la oficina moderna y llamativa forma parte de la "visualización del sueño". Es parte de un ritual en el proceso de emprender, en el cual se crea un ambiente inspirador y motivador.

Sin embargo, para aquellos emprendedores con experiencia y éxito, lo que importa principalmente es la eficiencia y el ahorro de costos. Para ellos, la oficina física no es una prioridad, ya que su enfoque se centra en optimizar recursos y maximizar resultados.

En las empresas remotas, el enfoque no está en dirigir, sino en liderar. El liderazgo se construye a partir de la confianza en el equipo para que decida cuándo entregarlo todo.

Hay que tener presente que el liderazgo no tiene que ver con quién eres, sino con lo que haces. La confianza es la base fundamental, ya que, sin ella, se necesitan restricciones y limitaciones. Por el contrario, las nuevas generaciones valoran la libertad y anhelan espacios donde puedan desenvolverse con autonomía.

De manera que vivimos los tiempos de liderazgo, donde inspirar y motivar son determinantes para que ese trabajo a distancia sea productivo y se logren los objetivos planteados.

Y para ello se deben mantener las **4 C** para generar confianza dentro de esa organización que labora a distancia: **Constancia** para mantenerse en el camino; **congruencia** para vivir lo que se dice; ser **confiables** y **creíbles**, porque siempre estás para servir y comprometido integralmente para alcanzar los objetivos planteados.

Quizás el trabajo a distancia requiere mucha más disciplina, el establecimiento de rutinas y habilidades que cada uno del equipo tiene que desarrollar. Y para ello hoy día más que nunca liderarse a sí mismo es una obligación a la que todos estamos obligados.

Permanencia en el tiempo

Los millennials no quieren quedarse toda la vida en el mismo sitio. Pero en el pasado los trabajadores soñaban con conseguir empleo en una empresa establecida y, después de años de arduo trabajo, esperaban los beneficios de un plan de jubilación. Las cosas cambiaron en este nuevo milenio.

Los trabajadores de hoy anhelan algo diferente: movilidad y variedad en su carrera. Ya no quieren quedarse atrapados en un mismo puesto de trabajo durante décadas.

Y sinceramente, es comprensible ¿Por qué deberían conformarse con una rutina cuando hay tantas oportunidades esperando ahí fuera?

> **LOS MIEMBROS DE UN EQUIPO U ORGANIZACIÓN TIENEN DERECHO A BUSCAR SU CRECIMIENTO PERSONAL Y PROFESIONAL EN AMBIENTES QUE LES PERMITAN FLORECER.**

Es emocionante ver cómo los trabajadores de este milenio buscan oportunidades para crecer, explorar diferentes caminos o incluso emprender sus propios proyectos. La movilidad laboral les brinda la libertad de buscar lo que realmente les apasiona y los impulsa a seguir aprendiendo y evolucionando.

Esto representa un desafío para los líderes de organizaciones que deben lidiar con la movilidad laboral y un equipo de trabajo mirando a los lados para ver qué otra cosa le conviene más.

VIRA | DOS ACCIONES A SEGUIR

Los líderes tienen un rol clave para adaptarse de manera efectiva. Aquí hay algunas acciones que sugiero tomar:

1. **Brindar un entorno de aprendizaje:** ya sea a través de programas de capacitación, mentorías o asignación de proyectos desafiantes.

2. **Fomentar la movilidad interna:** permitiendo que los empleados exploren diferentes áreas y roles que se alineen con sus intereses y habilidades.

ADAPTAR EL LIDERAZGO A UN ENTORNO TECNOLÓGICO

Hay una frase que siempre me ha gustado: nunca es tarde para volver a comenzar. No ver la vida como el desarrollo de una línea continua hacia arriba, sino que a veces la vida te pone como un reloj para que te prepares para la nueva etapa.

Quiero compartir una experiencia que nunca olvidaré de un valioso miembro de mi equipo de gobierno. Cuando le pedí que asumiera una responsabilidad de menor jerarquía en la organización, me dijo: "Gobernador, la vida me ha enseñado que a veces hay que retroceder para avanzar más rápido". A los dos años ya era Secretario General de Gobierno del estado (Vice Gobernador), mi mano derecha. Algo así estamos viviendo hoy en día con la tecnología. Hay que dedicar un buen tiempo para la preparación, a adaptarse a lo nuevo, para luego ir más rápido. No prepararse hoy día equivale a quedar rezagado y por ello te invito a que estés en continua formación.

El entorno digital requiere un conjunto específico de habilidades de liderazgo para sobresalir. Algunas de esas relucientes habilidades incluyen:

- **Alfabetización digital:** no hay tiempo que perder para comprender y utilizar tecnologías digitales. Hay que estar al día y no temer a los cambios. En su lugar, aceptarlos como una realidad que nos desafía a aprender al máximo.

- **Prevenir y anticiparse:** se trata de la disposición a de adaptarse rápidamente al cambio tecnológico y aprovechar las oportunidades que brinda. Pero no es solo adaptarse, lo que vendría siendo una acción reactiva ante un evento o circunstancia, sino también visionar los cambios y, en la medida de lo posible, adelantarse a ellos.

- **Pensamiento estratégico:** evaluar cómo las tecnologías digitales pueden transformar y mejorar los procesos y las operaciones. Aunque la tecnología en sí es impresionante, lo que realmente resulta admirable en empresas como OpenAI o DeepMind es que han comprendido la visión estratégica de mirar más allá de una sola tecnología, logrando trazar un rumbo hacia el futuro y considerando el potencial conjunto de múltiples tecnologías emergentes.
- **Gestión del cambio:** liderar y gestionar eficazmente los cambios derivados de la implementación de nuevas tecnologías y procesos digitales.

Involucrara los miembros del equipo en el proceso de cambio, brindándoles la oportunidad de compartir preocupaciones, ideas y sugerencias. También, proporciona capacitación y recursos adecuados para que los miembros del equipo puedan adaptarse y aprovechar lo más posible las nuevas tecnologías.

> ECHA MANO DE HERRAMIENTAS DE ANÁLISIS DE DATOS PARA RECOPILAR Y ANALIZAR INFORMACIÓN QUE PUEDA RESPALDAR LA TOMA DE DECISIONES ESTRATÉGICAS.

Estar al tanto de las mejores prácticas de ciberseguridad y promover una cultura de seguridad en toda la organización.

IMPORTAN LAS PERSONAS, SIEMPRE...

Aunque la tecnología avanza a grandes pasos, en el fondo, los seres humanos seguimos siendo los mismos: las motivaciones que nos impulsaron a explorar el mundo y conquistar nuevos horizontes siguen presentes, pero ahora contamos con herramientas diferentes para lograrlo.

Las herramientas evolucionan, pero ciertos valores nunca pasan de moda: la confianza, la integridad, la honestidad, la transparencia, ser auténtico, la disciplina y el papel motivador e inspirador del liderazgo. Es como si tuviéramos un mapa interno grabado en nuestros corazones, pero ahora contamos con herramientas diferentes para trazar el camino hacia nuestras metas.

El argentino Fred Koffman, ex vicepresidente de desarrollo ejecutivo de LinkedIn y miembro fundador de la sección de negocios del Integral Institute de Ken Wilber, llegó a decir: «hemos sido condicionados por los superhéroes de los cómics a creer que necesitamos de grandes poderes para vivir heroicamente. Eso es falso. El heroísmo se trata de valores y virtudes, no de tener poder. Asumir la responsabilidad, el respeto, la humildad, la verdad, la justicia, la libertad y el amor, es la esencia del heroísmo».

Mi propuesta fundamental es volver a esas virtudes, a lo básico, regresar a aquellos aspectos que tocan más la esencia que la forma para llegar a las razones que le abren el corazón a la gente, que es el denominador común cuando estás al servicio de un propósito, ya sea individual o colectivo.

> **AL FINAL DEL DÍA, EL CENTRO DE GRAVEDAD SON LAS PERSONAS.**

No es cosa de aprender técnicas sofisticadas ni contratar la asesoría de costosas empresas consultoras, sino que los líderes se conecten consigo mismos para, de dentro hacia afuera, proyectar su visión. A ese objetivo, de una u otra manera, están destinadas todas y cada una de las líneas de este libro.

En las organizaciones, las personas están listas y dispuestas a enfrentar este desafío, pero necesitan líderes que los inspiren, que los guíen con pasión y que creen un ambiente propicio para el crecimiento y la colaboración. Es un viaje de autenticidad y autodescubrimiento que impactará de manera poderosa en quienes te rodean.

No importa cuán sofisticada sea la tecnología que nos rodea, el verdadero éxito radica en la conexión humana, en el liderazgo que logra tocar las fibras profundas de cada individuo.

El secreto del liderazgo es el amor: que ames liderar, que ames a quienes lideras, que ames a tu empresa, y que ames a quienes reciben los productos o servicios que brinda tu organización.

La gente asume compromisos cuando existe una causa, no cuando existe un plan. La inspiración y la motivación están estrechamente ligadas con grandes propósitos. El líder de hoy pregunta e indaga, necesita conocer bien a su equipo, la comunicación es bidireccional, que busca generar empatía. Mientras que el líder de ayer hablaba, se enfocaba más en dar instrucciones.

Estoy completamente convencido de que el líder no nace, se hace y que todos lo podemos lograr. Ten la absoluta seguridad de que para liderar no se requiere un título o un cargo.

El liderazgo no se trata de una capacidad cerebral, es una aventura que todo líder debe llevar en el corazón.

MI CAMINO ¡AHORA ES TU CAMINO!

"QUIEN NO ARRIESGA, NO CRUZA EL MAR". CIERTO, PERO JAMÁS OLVIDES QUE **EL CAPITÁN ERES TÚ**.

Mi querido capitán, mi camino, ahora, es tu camino. Espero que, con ánimo, mucho entusiasmo y gran optimismo, conquistes tus sueños y que con extraordinaria pasión estés dispuesto a disfrutar la aventura de hacerlos realidad.

Tuve la experiencia de vivir cada uno de los métodos que encontraste en cada capítulo, con el Método Vira nació el liderazgo en mí y estoy seguro de que en ti pasará lo mismo. Eres el capitán, el líder de tu vida, asúmelo.

Vivirás una vez que entres en acción lo que yo viví, encontrarás momentos en que algunos intentarán quitarte el ánimo, unos con buenas intenciones, quizás otros no, pero sigue adelante.

Emprenderás un viaje o estás seguramente ya en él, donde enfrentarás muchos mares cuyo oleaje estará a favor. Acelera cuando así sea, pero en otras tendrás que resistir la bravura de oleajes que golpearán muy duro tu embarcación, pero resiste y no te pares. No detengas tu fuerza interna, ese impulso bendecido de donde nació esa pasión que hoy sientes, ese llamado o esa vocación que ha despertado en ti.

> RECUERDA QUE NADIE PUEDE COMPETIR CONTIGO SIENDO TÚ MISMO, ERES ÚNICO, Y ESA ES TU GRAN FORTALEZA. **SOLO LA ACCIÓN HACE AL CAMPEÓN**, COMPROMÉTETE CONTIGO MISMO A NO DETENERTE HASTA TRIUNFAR. LA DERROTA NO EXISTE, ES SOLO UN OBSTÁCULO, ES LA OPORTUNIDAD DE MEJORAR.

Escribe tu misión, tu propósito, tu porqué... Visualízate, pregúntate: qué quieres alcanzar, y cuando veas la foto, haz tu estrategia, tus planes, tu cómo... Y pasa a la acción. Los obstáculos son solo datos para hacer ajustes y continuar. No te detengas, diseña una solución y sigue adelante.

SER-HACER-TENER

Alinea tu árbol de la vida, Tu SER, tus raíces, tus principios y valores, tu pasión. Tu HACER, cuando pasas a la acción, que serían el tallo y las ramas, indicando el camino y las decisiones que te elevan. Y finalmente logras el TENER que son los frutos que da tu SER y tu HACER.

Quien no tiene alineado su árbol de la vida, podrá HACER y TENER, pero vive una vida complicada al no estar en sintonía con sus raíces, con su SER.

Experimentarás el mayor placer en esta aventura de tener una vida coherente desde la raíz, hasta los frutos que dará tu pasión, aquello para lo cual naciste. No existe mayor satisfacción que dedicarte a aquello que amas.

Muy importante va a ser siempre tu constancia, tu consistencia, tu disciplina, tu compromiso. Préstale mucha atención a la regla de tres, al interés compuesto llevado al terreno de la disciplina. Especialízate, no seas un todero porque pierdes valor. Sé un maestro en lo tuyo, un verdadero experto, el mejor en aquello que amas.

Siempre realiza tu gran objetivo dividiéndolo en pequeños pasos. Recuerda que el futuro es la suma de presentes y cada día y cada semana debes establecerte metas a lograr, ir avanzando paso a paso... De pequeña victoria en pequeña victoria se logra la gran victoria. Ten paciencia que yendo en la dirección correcta vas a llegar.

Aplica las técnicas de comunicación que te recomendé en la lectura. Simplifica tu vida para que te enfoques en lo que realmente importa. Enfócate siempre en las soluciones y no en los problemas.

Debes tener presente siempre que la base del liderazgo está en la confianza. Y ser líder es influir en los demás. Pero si no generas confianza no influirás en nadie. La confianza es la única cualidad que te vendrá de terceros. No se estudia, sino que se gana siendo íntegro, honesto, siendo un ejemplo a seguir y teniendo una visión de futuro que inspire y motive. Siendo desde luego, competente y confiable.

> NO PUEDO DEJAR DE CONFESARTE QUE HE TENIDO MUCHOS MOMENTOS DIFÍCILES, MUY COMPLICADOS Y QUE HA SIDO LA ORACIÓN, **PIDIÉNDOLE CON FERVOR A DIOS** QUE ME ILUMINE, PARA DECIDIR BIEN. Y EN ELLA HE ENCONTRADO FUERZAS CUANDO ME HA HECHO FALTA.

Mi misión en la vida ha sido siempre ayudar a otros a superarse y que estos ayuden a que otros también lo hagan. Algo así como un efecto multiplicador.

Contribuir a que vivamos en un mundo mejor. Como Gobernador sentí una gran pasión por mi trabajo, ver cómo unidos pueblo y gobierno pudimos elevar el orgullo de ser de nuestra tierra, a elevar nuestra autoestima y a mejorar la calidad de vida de tanta gente. Es indescriptible la emoción que se siente, al haber sido electo y reelecto 4 veces por mi estado. Imagínate cuántos mares embravecidos tuve que superar.

Este libro cumple con la misión que me he trazado: contribuir con mi experiencia acumulada a animar a tantas personas como tú, con talento, vocación, con sueños, a salir a conquistar los mares y llegar con éxito a tierra firme. Y que luego, fortalecidos por sus logros, animen a otros y a otros. El mundo necesita más y más líderes que aporten soluciones para mejorarlo.

Capitán, recibe mis deseos de que tu travesía sea todo un éxito. Ya cuentas con una buena embarcación que te abrirá los caminos y una excelente tripulación que te servirá de soporte a lo largo de tu gran viaje.

¡Que te vaya muy bien!

Henrique Fernando Salas-Romer

BIBLIOGRAFÍA

- "La ciencia de hacerse rico", Wallace Wattles
- "El Club de las 5am", Robin Sharma
- "El Monje que vendió su Ferrari", Robin Sharma
- "El Juego del Dinero", Tony Robins
- "Los 7 hábitos de la gente efectiva", Stephen Covey
- "La disciplina marcará tu destino", Rayan Holliday
- "El hombre en busca de sentido", Víctor Frankl
- "Cómo ganar amigos e influir sobre las personas", Dale Carnegie
- "Cómo vender sin vender", Manuel de la Cruz
- "Fuera de Serie", Malcolm Gladwell
- "Inteligencia Intuitiva", Malcolm Gladwell
- "El Poder del Pensamiento Positivo", Lía Murillo
- "El Poder del Ahora", Eckhart Tolle
- "Quién, no Cómo", Dan Sullivan
- "Nunca te pares", Phil knight
- "El Almanaque de Naval Ravikant", Eric Jorgenson
- "Hábitos atómicos", James Clear
- "Construyendo un Imperio", Brian Carruthers

- "Rompe la Barrera del No", Chris Voss
- "Las 15 leyes indispensables del crecimiento", John Maxwell
- "Si lo crees, lo creas", Brian Tracy
- "El hombre más rico de Babilonia", George Glason
- "Piense y hágase Rico", Napoleón Hill
- "El vendedor más grande del mundo", Og Mandino
- "La magia de pensar en grande", David Schwarz
- "Vive tu sueño", John Maxwell
- "Las 21 Leyes irrefutables del Liderazgo", John Maxwell
- "Convertirse en un Líder", Warren Benny's
- "El reto del Liderazgo", James Kouzes & Barry Posner
- "Líder de 360 Grados", John Maxwell
- Briand Johnson, founder and CEO of Kernel

Esta primera edición de
MÉTODO VIRA, CAMINO PARA TRIUNFAR
fue publicada en 2023

Made in the USA
Columbia, SC
03 December 2023